Gottes Gegenwart und Wirken im Alltag

Eine Einladung an dich, frei zu sein

Für Jul, Rike, Joni und Lisi

tredition

Bilder: Karin Schlipphak

Lektorat und Korrektorat: Dr. Yvonne Schauch

Layout und Covergestaltung: Kai T. Garben und Angelika Fleckenstein

Das Buch wurde nur mit chlorfreiem Papier gedruckt. Von jedem verkauften Buch werden mindestens 50 Cent für das Pflanzen von Bäumen, Hecken und dergleichen weitergeleitet.

Erste Auflage 2022

ISBN Softcover: 978-3-347-68645-8
ISBN Hardcover: 978-3-347-68646-5
ISBN E-Book: 978-3-347-68647-2

Druck und Distribution erfolgen im Auftrag von Kai T. Garben, durch: tredition GmbH, Abteilung "Impressumservice", Halenreie 40–44, 22359 Hamburg, Deutschland.

Kai T. Garben

Gottes Gegenwart und Wirken im Alltag

Eine Einladung an dich, frei zu sein

Zu diesem Buch:

Lebendige und aktuelle Kurzgeschichten und Gedankenanstöße über Gottes Gegenwart und Wirken in unserer Welt sind rar geworden. Dieses Buch möchte dazu beitragen, Alltagserfahrungen aus theologischer Sicht zu betrachten, und gleichzeitig Gottes Einladung weitergeben, ihm in seinen verschiedenen Da-Seins-Weisen zu begegnen. Die 21 Kurzgeschichten – die alle auf wahren Begebenheiten beruhen – wollen und werden keine fertigen Antworten liefern. Vielmehr möchten sie persönliche Glaubensprozesse (erneut) anregen, sie begleiten oder vertiefen und dazu einladen, sich 24/7 dem Segen Gottes zu öffnen. Der theologische Ansatz ist überkonfessionell angelegt, basiert auf Gemeinsamkeiten aller Konfessionen und berücksichtigt exegetische Erkenntnisse, ohne den Anspruch zu verfolgen, eine wissenschaftliche und vollständige Abhandlung zu sein. Nach jeder Einheit werden Bibelstellen und weiterführende Fragen oder Impulse zur persönlichen Vertiefung angeboten.

Zum Autor:

Kai T. Garben, Jahrgang 1966, Pfarrer und Rechtsassessor, Erziehungsmediator und Interkultureller Trainer, ist Vater von vier Kindern und schreibt seit den Neunzigerjahren Kurzgeschichten. Das vorliegende Buch basiert auf seiner Ausgangsidee, von einer lebendigen Beziehung zu Gott im Alltag und deren Wirkung zu erzählen. Seine beruflichen Erfahrungen in theologischen Aufgabenfeldern sammelte der Autor bei der Diakonie, im Schuldienst, in Kirchengemeinden und in der Erwachsenenbildung. Zu seinen Geschichten und Gedankenanstößen sagt er: „Sie sollen möglichst einfach geschrieben, kurz und bündig, aber von theologischer Tiefe sein. Mein Ziel ist, die praktische Umsetzbarkeit und die Alltagsfreuden eines gelebten Glaubens aufzuzeigen."

Zur Künstlerin:

Karin Schlipphak, Jahrgang 1962, von Beruf Diakonin und Erzieherin, war und ist neben ihrem künstlerischen Schaffen in verschiedenen Bereichen sozialer Arbeit tätig. Zur Art ihres Malens sagt sie: „Maltechnisch entstehen meine Bilder durch das sogenannte Malen aus der Farbe heraus. Das heißt, dass ich meistens ohne eine konkrete Vorstellung hinsichtlich dessen, was werden soll, mit dem Malen beginne. Ich versuche, mich von den Farben und Formen führen zu lassen, weil ich erlebe, dass sich sowohl Farben als auch Formen aussprechen. Ich erlebe, dass das Gelingen eines Bildes viel mit Gnade und Geführtwerden zu tun hat. Dabei ist für mich das Licht im Bild wie das Wirken Christi im Leben. Es ist mir eine große Freude und erfüllt mich mit Dankbarkeit, wenn es mir gelingt, mit meinen Bildern einen Widerschein der geistigen Welt erfahrbar zu machen."

Inhaltsverzeichnis

Vorwort		*9*
1	Gottes Gegenwart	*15*
2	Gott bei der Arbeit zusehen – oder alles Zufall? (D)Eine Entscheidung	*19*
3	Gesucht, gefunden – aber nicht den Teufel	*29*
4	Das Leben Jesu (1): Seine Kindheit – auch du bist besonders, seit deiner Kindheit	*33*
5	Das Leben Jesu (2): Seine Botschaft und was ihn ausmacht – auch du darfst dich entfalten	*41*
6	Das Leben Jesu (3): Sein Weg, sein Wirken – lebst du deine Besonderheiten?	*47*
7	Das Leben Jesu (4): Sein Tod – Endgültiges kennst auch du	*57*
8	Das Leben Jesu (5): Sein neues Da-Sein – wenn ein Fenster zugeht, geht eine Tür auf	*63*
9	Über das Wasser seiner Tränen	*73*
10	Zu Hause bei unserem Vater	*77*
11	Du bist das Wunder	*81*
12	Lebe, du bist mein	*87*
13	Raum der Kirche – mehr als ein schnell geschlecktes Eis	*93*

14 Wege zum inneren Frieden *99*

15 Es ist nie zu spät *103*

16 Frieden Euch allen – Grüße aus Sarajevo *109*

17 Du bist ein Segen für die Welt – von Fahrradreflektoren und vom Warten *113*

18 Solidarität mit Gott im Alltag *118*

19 Sunny oder Vom Segen, ein 24/7 Christ zu sein *125*

20 Die Einladung umzudenken erfolgt täglich – der Geist Gottes *133*

21 Das Ende *139*

Nachwort: Glaube und Zweifel *149*

In Wort gefasste Zweifeln werden oft in einfachen Sätzen verpackt *150*

Abschlussbemerkung des Autors *155*

Danksagungen *156*

Und wie geht es weiter? *156*

Interesse, mehr über die Bilder zu erfahren? *156*

Weitere Erfahrungen mit Gottes Gegenwart und Wirken in deinem Alltag gesucht! *157*

Stichwortverzeichnis mit Glossar *159*

Vorwort

Kurze Geschichten und Gedankenanstöße aus deinem Alltag sind leichter und verständlicher zu lesen als lange Abhandlungen. Das Wissen darum ist so alt, wie es uns gibt. Fernsehen und Videokonferenzen gab es damals nicht, sodass wir immer wieder zusammensaßen, uns gegenseitig Geschichten erzählten und dabei Traditionen und Wissen weitergaben. Manchmal lieferten diese Erzählungen auch neue Perspektiven für das eigene Leben, ließen in andere Welten eintauchen und vielleicht die eine oder andere Erkenntnis gewinnen.

Die Grundidee dieses Buches ist die Einladung, deinen eigenen Glaubensprozess über Erzählungen (wieder) aufzunehmen oder deine christlichen Wurzeln zu stärken, möglichen Fragen vertieft nachzugehen oder einfach nur Trost zu finden, wenn du dich ausgegrenzt fühlst, verirrt hast oder dich nicht selbst wertschätzen kannst. In keinem Fall bist du allein.

Die Geschichten und Gedankenanstöße umfassen Erlebnisse aus einem gewöhnlichen Alltag und zeigen Gottes Gegenwart und Wirken auf: Gott bietet dir stets eine lebendige Beziehung an. Die jeweiligen Einheiten wollen dir Wege und Perspektiven anbieten, die dir schließlich veranschaulichen, dass deine Lebenswirklichkeit vielschichtig ist und hinter manchem wahrnehmbaren, aber kühlen Schein eine warme Kerze brennt.

Übrigens: Alle Geschichten haben so stattgefunden – eine Option wird extra hervorgehoben, allerdings sind die Namen der Handelnden geändert.

Jeder Abschnitt benötigt deine Bereitschaft, einen ganzheitlichen, auch theologischen Blickwinkel auf deine Lebenswelt einzunehmen. Es bedarf einer gewissen Freude, aus deinem Alltag heraus theologischen Fragen nachzugehen und Antwortspuren zu suchen. Antworten ändern sich oft im Laufe der eigenen Entwicklung und Lebensreife und sind selten abschließend gültig. Es ist ein stetiger Prozess, zu suchen und sich immer wieder finden zu lassen. Wichtig ist und bleibt, Fragen zu stellen.

Im Zentrum des Buches stehst du mit allen deinen Alltags- und Lebenserfahrungen und deinen Potenzialen. Du bist der Ausgangspunkt für alle Gedankenanstöße.

Die Geschichten und Gedankenanstöße behandeln aktuelle und lebendige theologische Themen, die du im Stichwortverzeichnis am Ende des Buches noch einmal zusammengefasst vorfindest. Persönliche Fragen an dich, Impulse zum Weitermachen und zusätzliche Bibelstellen am jeweiligen Ende einer Einheit laden dich zudem ein, die jeweiligen Texte zu vertiefen und, wenn du möchtest, weitere Erkenntnisse zu gewinnen. Alle Einheiten sind nachhaltig fundiert. Dabei wird versucht, nahezu ohne theologisches, dogmatisches oder blumiges Vokabular auszukommen.

Die eingefügten Bilder von Karin Schlipphak eröffnen dir eine Ruhepause, das Gelesene wirken zu lassen oder weiteren Anregungen nachzugehen.

Dieses Buch möchte dir Mut machen, (d)einen eigenen Glaubensweg zu gehen. Dieser Weg kann dein Leben verändern. Die Verunsicherung, zu sich selbst zu stehen und schließlich „Ja" zu Jesus von Nazareth als „dem Christus" zu sagen, ist groß. Eine mögliche Angst, in der vertrauten Umgebung als naiv, verrückt oder weltfremd abgestempelt zu werden, verstärkt oftmals diese Unsicherheit. Aber sei gewiss: Es gibt viele, die sich bereits aufgemacht haben. Du bist nicht allein. Die Beachtung und Pflege deiner Spiritualität im Alltag können dir ein ganzheitliches, ein erfülltes Leben ermöglichen. Und das ist gar nicht so schwer – denn Gott glaubt bereits an dich und traut dir viel zu.

Ich wünsche dir beim Lesen der Geschichten und beim Betrachten der Bilder eine anregende und gesegnete Zeit.

Sei behütet.

Kai T. Garben

Übrigens:

Vielleicht fällt dir während der Lektüre auf, dass die Geschichten und die Reihenfolge, in der sie erzählt werden, nicht willkürlich gewählt sind. Tatsächlich stellt dieses Buch eine kleine, praktisch orientierte und christliche Dogmatik dar. Anhand von Alltagsgeschichten und Gedankenanstößen folgt sie dem Aufbau der Bibel, beginnend bei der Gegenwart Gottes und seinem Wirken am Anfang und gefolgt von einer (möglichen) Wegbegleitung für dich in deinem Alltag. Am Ende des Buches stehen im Rahmen einer Kurzgeschichte theologische Überlegungen zum Ende unserer Welt. Da du Gott auf verschiedene

Weisen begegnen kannst, folgt auch dieses Buch dessen unterschiedlichen Da-Seins-Formen, und zwar aus christlicher Sicht als fortwährendem Schöpfer, in Jesus von Nazareth und als lebensspendendem Geist. Jesus wirst du in diesem Buch anhand seiner Biografie begegnen: anfänglich als einem wachsenden Mitmenschen wie du und ich, dann als Auserwähltem Gottes, zu dem wir uns bekennen und den wir Christus nennen. Jesu wachsende Bedeutung hebt ihn hervor als denjenigen, in dem Gott uns entgegenkommt und sich uns greifbar zeigt. Der Geist Gottes lädt dich schließlich immer wieder ein, deinen Alltag auch aus theologischer Sicht zu betrachten, die Perspektive zu verändern, wenn nötig umzudenken und schließlich frei zu werden – oder zu bleiben.

Gott ist Liebe und wer in der Liebe bleibt,

der bleibt in Gott und Gott in ihm.

1. Brief des Johannes 4,16b

1
Gottes Gegenwart

Gottes Gegenwart erlebst du überall, sie ist gleichsam in die Welt eingeflochten, ungreifbar, aber erlebbar: wie die Liebe zwischen Lebewesen, wie ein hilfreiches und weiterführendes Wort eines guten Freundes, wie die Harmonie in der Natur oder wie die Welt im Ganzen. Die ausdrückliche Sprache Gottes ist Schweigen, ein Funken in jeder Kreatur. Dabei ist sie wie ein Regen, der unterschiedslos alles auf der Erde nährt. Jeden Tag kommt er auf dich zu, jeden Tag regnet es – irgendwo – und lässt die Welt weiterwachsen.

Du kannst Gott konkret im Alltag erleben, manchmal auch nur spüren. Beschrieben wird die Gegenwart Gottes in biblischen Geschichten. Dort kannst du von seinem Da-Sein in seinen verschiedenen Formen direkt lesen, es manchmal jedoch nur zwischen den Zeilen entdecken. Greifbar und von Angesicht zu Angesicht kannst du Gott ganz persönlich durch denjenigen erfahren, der sich am Ende verlassen fühlte und der sich trotzdem Gott anvertraute, der schließlich Gottes Wirken sichtbar gemacht und vollendet hat: durch unseren Mitmenschen Jesus von Nazareth.

Vertiefung und Weiterführung

(1) Wenn du neugierig geworden bist, lies gerne die Geschichten über die schöpferische Beziehungsgeschichte Gottes zu uns in 1 Mose / Genesis 1–2,4a und 2,4–3 nach.

(2) Die verschiedenen Versionen der letzten Worte Jesu am Kreuz findest du in Markus 15,34; Lukas 23,46; Johannes 19,30. Eine weitere Beschreibung zu Jesus steht in Kolosser 1,15–20.

– ohne Titel –

Wenn du magst, überlege dir im Zusammenhang mit der letzten Geschichte einen Titel.

2

Gott bei der Arbeit zusehen – oder alles Zufall? (D)Eine Entscheidung

Die Meereswelle

Gischt am Klippenrand einer felsigen Küste ist faszinierend. Das Meerwasser spritzt hoch, es schäumt, manchmal gibt es kleine Regenbogen. Die Wellen kommen, brechen und fließen zurück. Für Matze war dieser Rhythmus beruhigend. Der beständige Gang der Wellen, das gleichmäßige Geräusch, der weite Blick über den Ozean an diesem ruhigen und sonnigen Herbsttag ließen alle Anspannung von ihm abfallen. In seinem Regenanzug wagte er sich besonders weit vor. Er wollte Wassertropfen im Gesicht spüren und die zerstäubte salzige Luft einatmen. Matze stellte sich nah an den Klippenrand. Ein Impuls gebot ihm, sich zu setzen, Halt zu suchen. Kaum saß er, überflutete ihn keine zwei Sekunden später eine riesige Welle, die er nicht hatte kommen sehen. Weder ein starker Wind noch irgendetwas anderes hatten ihn diese Welle erahnen lassen. Wäre Matze stehen geblieben, hätte diese Welle ihn mitgerissen und die nächste ihn am Felsen zerschmettert. So war er nur nass geworden.

Vertiefung und Weiterführung

Hast du eine ähnliche Erfahrung gemacht? Dann bist du in guter Gesellschaft. Vertiefe dich gerne in der Bibel in 1 Mose / Genesis 7–8. Da hat Noah auf Gottes Wort gehört – und überlebt.

Björn

Der Engel Alois ist in München und weit darüber hinaus bekannt. Dort singt er im Hofbräuhaus, fordert sein Bier ein und quält sowohl seine Harfe als auch die Zuhörer. Die Geschichte treibt viele Besucher ebendort hin, auch wenn es den geflügelten Engel auf einer Wolke sitzend nicht zu entdecken gibt. Vielleicht erst nach dem siebten Bier, vielleicht auch nie.

Björn lud seinen alten Freund in dieses typische bayerische Brauhaus ein. Im Gespräch kamen sie auf alte, gemeinsam erlebte Geschichten, unterhielten sich über Bekannte, über Träume und aktuelle Ziele, wie das mit guten, alten Freunden eben ist. Man trifft sich nach langer Zeit wieder und erlebt die Zwischenzeit als quasi nicht existent. Der Draht zueinander ist noch warm, die Beziehung ungetrübt, als hätte die letzte Begegnung am Abend zuvor stattgefunden. An seine besondere, entscheidende Frage konnte Björn sich später nicht mehr erinnern. Schon kurz nachdem er sie gestellt hatte, war sie für ihn wie weggeblasen gewesen. Nicht jedoch für seinen alten Freund: Diese eine Frage hat seinen Lebensweg grundlegend verändert.

Vertiefung und Weiterführung

Eine einzige Frage oder Aussage eines guten Freundes kann manchmal wie eine kleine Erleuchtung sein – als spräche Gott durch ihn hindurch zu dir. Und tatsächlich können die Ansprachen Gottes an dich vielfältig sein. Lies gerne von anderen Beispielen in der Bibel: 2 Mose / Exodus 3,1–5; Lukas 1,26–38.

Amelie

Was sie dachte, konnte Marc nicht erkennen. Amelie saß auf einer Bank und betrachtete den großen Fluss. In der Hand eine Flasche Bier, vor sich einen Kinderbuggy mit Regenschutz. Marc fuhr zunächst mit dem Fahrrad an ihr vorbei, weit weg von der alten Heimat, weit weg von längst vergangenen Zeiten. Im Augenwinkel erkannte Marc seine alte Bekannte Amelie jedoch sofort, auch wenn ihm ihr Name nach so vielen Jahren nicht gleich einfallen wollte. Er hielt an und trat auf sie zu. „Entschuldigen Sie bitte", sprach er sie an, „wir kennen uns doch? Ich kann mich nur leider nicht an Ihren Namen erinnern." Amelie unterbrach ihn knapp „Bitte gehen Sie weiter". Marc konnte ihr seine Hilfe nicht anbieten, auch wenn sie ziemlich heruntergekommen und hilfsbedürftig aussah. „Gehen sie weiter!" Marc mochte sich ihr nicht aufdrängen und fuhr weiter. Nach 200 Metern hielt er inne, kehrte ein zweites Mal um, wollte noch einmal versuchen, Kontakt zu ihr aufzunehmen, so sehr hatte ihn Amelies äußeres Erscheinungsbild mit Sorge erfüllt. Mit einem gespielt osteuropäischen Akzent bat sie erneut und sehr bestimmt, wenngleich freundlich, in Ruhe gelassen zu werden. Es schien Marc, als hoffte sie, nicht erkannt zu werden. Marc akzeptierte ihre Ablehnung und zog seines Weges. Eine Woche später fand man Amelie tot auf.

Vertiefung und Weiterführung

Gott bietet Heilung, manchmal neue Wege an. Das sind Einladungen, deren Annahme freiwillig erfolgen muss – manchmal sogar ins Ungewisse hinein. Keine und keiner wird gezwungen. Lies gerne nach in 1 Mose / Genesis 12 oder in Johannes 5,2–16 und 6,35–37 oder in der Offenbarung 21,6.

Der Knopf

Es war nur ein Ersatzknopf, den Simon verlor, als er sein Taschentuch aus der Hose zog. Er bemerkte es nicht einmal, als der Knopf auf den Bürgersteig fiel. Vielleicht wusste Simon nicht einmal, dass er ihn hatte. Mehrere Fußgänger gingen achtlos an dem Knopf vorbei. Vielleicht sahen sie ihn nicht einmal. Doch dann kam Lukas und hob den Knopf auf. Er war graubraun und so glatt wie ein Handschmeichler, so groß wie eine Euromünze – ein unauffälliger Hosenknopf. Lukas spielte mit dem Knopf in der Hand, bis dieser ganz warm war, und dachte: „Der Knopf will nicht bei mir sein. Ich brauche ihn nicht." Er legte ihn auf eine Straßenbegrenzung, eine große Steinstele, und ging weiter.

Und so könnte die Geschichte weitergehen:

Am nächsten Tag regnete es heftig. Der Knopf glänzte so, wie er es in einer Hosentasche nie gekonnt hätte. Währenddessen rannte Lino zu einem Bewerbungsgespräch, etwas gehetzt, weil es regnete, ein wenig hoffnungslos, weil er sich unwohl fühlte. Nicht nur, dass ein Bewerbungsgespräch ohnehin aufregend war – zu allem Überfluss rutschte seine Hose ständig, weil er im Zug einen Knopf verloren hatte. Den Eindruck, der geeignete Mann für die ausgeschriebene Stelle zu sein, würde er in seinem jetzigen Zustand kaum vermitteln können. An einer großen Steinstele blieb er stehen, er suchte den Namen der Straße. Da entdeckte er den Knopf, den er mit der Hilfe einer netten älteren Dame an seiner Hose befestigen konnte. Dank der nunmehr gutsitzenden Hose beruhigte Lino sich. Und die Arbeitsstelle ist ihm später tatsächlich angeboten worden.

Vertiefung und Weiterführung

Kleines kann Großes bewegen. Ist das alles Zufall? Wenn du magst, dann lies zum Beispiel das Gleichnis vom Senfkorn in Markus 4,30–32 oder über Großzügigkeit und Umdenken, die neue Perspektiven schenken können, in Lukas 12,13–21.

Das kleine Dorf

In einem Tal, eingebettet zwischen Bäumen und Wiesen, lag das Dorf idyllisch und geschützt. Das Echo der Vergangenheit, von schönen Festen, Lachen, Tanzen, einer intakten Dorfgemeinschaft mit offenen Türen war noch zu hören. Das Zentrum des Dorfes bildete die kleine Kirche. Gemeinsame Gottesdienste hatten zum Alltagsleben dazugehört. Als Leid und Tod durch die Straßen zogen, wurde es dunkel im Dorf. Aus Freunden wurden Feinde, jede und jeder zeigte mit dem Finger auf andere. Nicht einmal die Kinder spielten mehr miteinander. Die Dorfgemeinschaft zerbrach.

Die Dorfältesten waren gläubige Frauen, die seit der Spaltung des Dorfes unterschiedlichen Lagern angehörten. Sie hielten weiterhin Kontakt, wenn auch zurückhaltend. An einem Teich sitzend, kamen ihnen irgendwann Zweifel, ob sie Gott wirklich liebten, wenn sie ihre Nachbarn hassten. Die Gruppen der Dorfgemeinschaft davon zu überzeugen, war jedoch nahezu unmöglich. Jede hatte zu hohe Erwartungen an die andere. Doch die Dorfältesten beschlossen, allen Widrigkeiten zum Trotz wieder gemeinsam Kuchen nach althergebrachten Rezepten zu backen, auch luden sie sich gegenseitig zu den traditionellen Kartoffelfesten ein. So begann die zerfallene Gemeinschaft, die gegenseitige Schuld zu überwinden und wieder zu wachsen. Und selbst die Kinder fingen an, wieder miteinander zu spielen.

Vertiefung und Weiterführung

(1) Bist du bei dieser Kurzgeschichte neugierig geworden, die möglichen biblischen Anleitungen der Dorfältesten zu lesen? Dann lies zum Beispiel den 1. Brief des Johannes 4, 19–21.

(2) Oder lies die Zehn Gebote (2 Mose / Exodus 20,1–17) statt mit dem bekannten „Du sollst …“ doch einmal so: „Wenn du am Ende deines Lebens Gott immer geliebt haben wirst, wirst du nur einen Gott gehabt haben, den Sonntag geheiligt, Vater und Mutter geehrt, nicht getötet, nicht die Ehe gebrochen, nicht gestohlen, nicht gelogen haben“ und so weiter. Wie liest sich das für dich? Was entdeckst du dazu in deinen Alltag?

(3) Alternativ kannst du die Geschichte einer Vergebung in Johannes 8,1–11 oder Bibelstellen zur Bedeutung des Lebens und Sterbens Jesu zum Beispiel in Jesaja 52,7–53,12 oder im Brief an die Römer 3,21–24 nachschlagen, die dazu einladen, einmal selbst über Schuld und Vergebung in deinem Umfeld nachzudenken.

(4) Übrigens: Rituale zu einem besseren Miteinander sind am Anfang oder am Ende solcher Versöhnungsprozesse sinnvoll.

Das ständige Wachsen der Welt und das Kind

Die Jahreszeiten begleiten uns im wahrnehmbaren Entstehen, Wachsen, Gedeihen und Vergehen. Es ist ein immerwährender Kreislauf. Der Impuls, der das eine Saatkorn zum Wachsen bringt und das andere nicht, ist ein Grund zum Staunen, manchmal ein Geheimnis. Genauso wie Vielfalt und Fantasie der Natur, Liebe und Harmonie untereinander und Lebewesen als zarte Seelen, eingebunden in ihre jeweiligen Lebenshorizonte. Selbst ein Kind, das in Armut und Dunkelheit in einer Krippe geboren wird und im Unbekannten aufwächst, kann großen Einfluss auf die gesamte Weltgeschichte nehmen. Gottes Gegenwart und Wirken sind ständig greifbar, erlebbar und präsent.

Vertiefung und Weiterführung

Bei Interesse schlage gern die Schöpfungsgeschichten in 1 Mose / Genesis 1–3 auf oder lies die Geschichten um die Geburt Jesu in Matthäus 1–2; Lukas 2; Johannes 1.

Die „theologische Brille“ im Alltag: (d)eine Entscheidung

Du kannst fragen „Greift Gott wirklich in mein Leben ein?“ oder sagen „Ich erlebe das nicht!“. Ich kann von mir aus nur feststellen: „Ich glaube das.“ Dabei wählt Gott unterschiedliche Wege, und diese verlaufen oft anders, als du es erwartest. Natürlich bist du immer frei, diese Hinweise anzunehmen und die aufgezeigten Wege zu gehen oder abzulehnen. Gott schickt dir mitten in deinen Alltag hinein Botschaften, die für dich förderlich sind, dich reifen lassen oder dich und deine Mitmenschen weiterbringen. Es sind Einladungen an dich, Türen aufzuschließen, Hürden zu überwinden oder zu beseitigen und umzudenken.

„Engel“ heißt übersetzt übrigens nur „Botschafter“. Sie müssen nicht Wesen mit Flügeln sein – das sind romantische, wenn auch sehr alte Vorstellungen. Die Adressaten der Engel empfangen eine Botschaft oder ihnen wird Hilfe angeboten, nicht mehr und nicht weniger. In der Regel sind diese Nachrichten als Impulse zu verstehen und frei von Missverständnissen.

Gott kann Schlechtes zum Guten wenden, und immer wieder kann jede und jeder einem anderen zum Botschafter, zum Engel werden. Du magst jetzt einwenden, dass es sich dabei auch um menschlichen Instinkt, Glück oder Zufall handeln könnte. Dann möchte ich dir erwidern: „Klar könnte es das. Betrachtest du aber dein eigenes Leben. Was glaubst du, kann es so viele Zufälle geben?“

„Nicht greifbar“, „nicht fassbar“, „alles theoretisch“: Deine Einwände gegen eine theologische Weltsicht existieren spätestens seit der Aufklärung. „Vielleicht hast du recht“, möchte ich dir dann entgegnen, „so, wie du vielleicht auch nur ein Zufall der Natur bist?“

Welche Weltperspektive du wählst, ist (d)eine persönliche Entscheidung.

Vertiefung und Weiterführung

(1) Beispiele für die Weltsicht Glaubender findest du in Josua 1,9; Psalm 23; Micha 6,8 sowie in (neben vielen weiteren) Matthäus 16,16 oder Johannes 14,6.

(2) Weitere Geschichten von Begegnungen Gottes mit uns im Alltag findest du in u. a. in 1 Mose / Genesis 18,1 f. oder 4 Mose / Numeri 22–24 oder 1 Könige 19,1 ff.

– ohne Titel –

Wenn du magst, überlege dir im Zusammenhang mit der letzten Geschichte einen Titel.

3
Gesucht, gefunden – aber nicht den Teufel

Abends im Dunkeln das Gläserrücken, die unheimliche Atmosphäre, die Energie in einer alten Ruine. Dämonen einer Krankheit. Eine ängstliche Mutter, die fürchtet, dass ihre 14-jährige Tochter vom Teufel beeinflusst wird, weil sie sich schminkt und sich ausprobieren will. Der Trinker, der nicht vom Trinken ablassen kann, obwohl er weiß, dass es ihm nicht guttut und der behauptet, dass ihn der Teufel auf dem Grund der Flasche immer wieder verführt: Da war er also, der Teufel, der Einflüsterer, der Krankmacher. Seine Existenz wird zumindest vermutet.

Diesen Teufel hat Hendrik gesucht. Er wollte ihn unbedingt finden und war gespannt auf den Widersacher Gottes. Der auf Platten rückwärts besungen, in Filmen gezeigt, in alten Geschichten erwähnt, der in besonderen Messen und oftmals im Geheimen angebetet wurde. Der viele Gesichter haben sollte, der Jesus in dessen Fastenzeit von einem vollen Bauch erzählte, der ihm Anerkennung und Aufmerksamkeit durch das Vollbringen ungewöhnlicher Taten oder Reichtum und Frauen versprach – wenn nur Jesus von Gott ablieβe und stattdessen ihn, den Teufel, anbetete. Diesen Teufel hat Hendrik gesucht, den Satan, den gefallenen Engel, Lucifer, der ihn aus der Nähe Gottes weglocken oder ihn vom Weg zu ihm abbringen kann.

Natürlich wurde er gefragt, warum ihm das wichtig war. Es hat Hendrik gereizt und, ganz ehrlich, er hatte Angst vor ihm und wollte sich dieser Angst stellen. Letzten Endes hat er gehofft, durch den potenziellen Gegenspieler, durch den einen Teufel, Gott selbst näher zu kommen. Am Schluss seiner Suche fand Hendrik allerdings etwas Anderes als erwartet. Ist das nicht oft so?

Auf seinem langen Weg fand Hendrik das Böse erst in Einzelnen und schließlich in jeder und jedem. Das Böse, das ist die Abkehr von Gott, die Konzentration auf eigene Bedürfnisse und Vorteile, mangelnde Demut, Undankbarkeit, Gier, Machtstreben, Lug und Trug. Den Teufel als konkretes Geschöpf fand Hendrik jedoch nicht. Stattdessen entdeckte Hendrik Menschen, die Gott liebten, sich nach Gott ausrichteten und nach ihm Ausschau hielten, er entdeckte, dass sie in Demut und Dankbarkeit versuchten, nicht zu lügen oder nicht gierig zu sein, die nicht stahlen und nicht töteten. Dass sie das Wohl anderer anstrebten, ohne immer an sich zu denken. Der Teufel hatte hier keinen Platz.

Die Antwort, die seine unruhige Suche beenden sollte, bekam Hendrik schließlich in Taizé, einem besonderen christlich-ökumenischen Kloster im französischen Burgund. Nach einem der allabendlich stattfindenden Gottesdienste trug er seine Suche einem Mönch des Klosters vor, der sich zur Verfügung stellte, um Seelen zu trösten und Fragen zu beantworten. Hendrik erläuterte umständlich und lange, dass er den Teufel suchte. Der Mönch entgegnete fragend: „Teufel?“ Er überlegte kurz und antwortete schließlich: „Den kenne ich nicht.“

Die Antwort des ganz in Weiß gekleideten Mannes war im Vergleich zu Hendriks Suche und seinen langatmigen Ausführungen äußerst kurz. Und doch lag in ihr ein Grundverständnis davon, was Martin Luther durch die Wiederentdeckung des gnädigen Gottes im Kern aufgedeckt hat: Gottes umfassende und allmächtige Liebe, die wir in Jesus vorgelebt bekommen haben. Hendrik allerdings irritierte die Antwort. Andauernd wurde der Teufel erwähnt, vielerorts erschien er auf Bildern – und der Mönch wollte ihn nicht kennen? Viele Tausend Jahre Ringen mit dem Widersacher, der Sünde und allem, was dazugehört, sollten wie weggeblasen sein? Mit wem wurde denn dann gerungen?

Dennoch hatte der Mönch Hendrik schlagartig die Augen geöffnet. Er schenkte ihm eine Ahnung von der Größe Gottes, die keine zweite Macht neben sich haben kann: Der Teufel ist keine fremde Macht, kein Widersacher, keine Schlange. Er existiert als Sinnbild, vor dem keine und keiner konkret Angst haben muss. Der Teufel dient als Sündenbock der Welt, auf den gerne die Verantwortung abgeschoben wird, um sich vor den Konsequenzen des eigenen Tuns zu drücken. Er ist ein Angstmacher, ein Menschenregulierer, ein Ausfluss unseres freien Willens und dient immer wieder als Erklärungsbild für Katastrophen und alles Unheimliche. Nein, der Teufel existiert nicht wirklich und hat keinen greifbaren Platz in dieser Welt, die es perfekter nicht gibt.

Gesucht, gefunden – aber nicht den Teufel. Hendrik fand sich selbst.

Ein Lösungsansatz – und was denkst du?

Der Teufel ist allein dein eigenes und inneres Widerstreben, dich ausschließlich von der Liebe Gottes durchfluten und leiten zu lassen. Er ist das Böse in dir, deine dunkle Seite, die Maßlosigkeit und alles Grenzüberschreitende, zu dem du fähig bist. Der Teufel ist ein Synonym für deine – auch freiwillige – Abwendung von Gott, weil du dein Leben nicht ändern willst, obwohl du gewiss genau weißt, was nicht stimmt. Mit dieser Freiheit bist du geschaffen worden, wie jede und jeder Einzelne von uns.

Sicher, immer wieder mag es schwer sein, sich aus den eigenen Lebensumständen zu lösen oder eingeschlagene Wege zu verlassen. Da mag sogar Erkenntnis vorhanden, der Wille zum Umdenken da sein, aber die Umsetzung in den eigenen Alltag hinein lässt sich (noch) nicht realisieren. Doch gibt nicht auf, denn du bist bereits dann auf dem Weg, wenn du beginnst, Zweifel an deinem Tun zu haben. Schließlich hast du ein Leben lang Zeit, zunächst vielleicht nur langsam, dann aber vollständig das Böse in dir zu überwinden und dich Gott zu öffnen.

Vertiefung und Weiterführung

Vertiefe dich gerne in weitere Bibelstellen, in denen der Teufel erwähnt wird, wie zum Beispiel in Hiob 1,6–12; Matthäus 4,1–11; Lukas 11,14–23 sowie in der Möglichkeit, dich bis zum Schluss deiner Tage vom Bösen abzuwenden, in Lukas 23,42 f.

4
Das Leben Jesu (1): Seine Kindheit – auch du bist besonders, seit deiner Kindheit

Zunächst zu dir: kannst du dich daran erinnern, als du ein Kind warst und du etwas Besonderes an dir hattest oder etwas besonders gut konntest? Das hast du bemerkt, als zum Beispiel deine Tanten deine Locken bewunderten und deine Haare durchwuschelten, du bei Mannschaftsaufstellungen im Schulsport als Erster beim Fußball gewählt wurdest, als du bei Schülerdemonstrationen immer vorne dabei warst, dich der Umweltschutz und das Überleben der Menschen nie kalt gelassen haben, du sensibel für deine Mitmenschen warst, gerne musiziertest oder Pflanzen bei dir besonders grün waren. Einfach gesagt, du erinnerst dich daran, was du gerne getan hast und noch tust, was du warst und noch verkörperst und wofür du Bewunderung und Bestätigung erntest.

Jesus als Kind

Stell dir nun vor, du betrachtest Jesus, einen Jungen aus Nazareth, einmal nicht von seiner göttlichen Nähe, seiner göttlichen Gegenwart aus, sondern als Menschen wie du und ich. Stell dir vor, du siehst in ihm einen jungen Mann, der noch lernen muss und der in die Besonderheiten, die in ihm angelegt sind und sich noch entfalten müssen, hineinwächst. Dabei begegnest du einem Menschen, der nicht auf einer Wolke sitzt, sondern greifbar, erreichbar, ansprechbar ist.

Besondere Geschichten von Jesus als Kind, die unseren Alltagserfahrungen widersprechen, finden sich nur vereinzelt in unseren Evangelien, sondern vor allem in außerbiblischen Quellen. Es sind auf jeden Fall wichtige und programmatische theologische Geschichten. Sie betonen die göttliche Gegenwart in Jesus, seine Besonderheit, seine Aufgabe oder sein Lebensprogramm.

Vertiefung und Weiterführung

Wenn du mehr wissen möchtest, lies zum Beispiel im außerbiblischen Thomas-Evangelium 2,1–5 oder in weiteren Kindheitsevangelien nach. Im Koran heißt Jesus übrigens Isa.

Jesus wächst auf

Vielleicht haben die Begebenheiten dieser Erzählungen über Jesus tatsächlich stattgefunden. Wir waren alle nicht dabei. Aber glaubst du, dass ein so besonderes Kind hätte normal aufwachsen können? Glaubst du, dass die sehr wahrscheinlich auftretende Missgunst, der Neid und stellenweise die Angst der anderen vor dem wachsenden Potenzial Jesu ihn hätten 30 bis 35 Jahre alt werden lassen? Mit großer Wahrscheinlichkeit nicht. Daher lade ich dich ein, Jesus zunächst als Menschen mit Entwicklungsschritten zu betrachten, die deinen mitunter gar nicht so fremd sind. Seine Besonderheit wird dadurch mehr als betont und die Gegenwart und das Wirken Gottes, die er verkörperte, nicht minimiert.

Jesu hebräischer Originalname war übrigens Jehoschua, Kurzform Jeschua oder Jeschu. Das bedeutet „Gott rettet“. Ihn zeichnete aus, dass er schon als jüdisches Kind gerne in die Synagoge ging. Er suchte den Ort einer besonderen Gottesnähe auf, einen Ort, an dem über Gott gesprochen wurde und Gott immer wieder auch zu den Gläubigen sprach. Wie sich in unseren Kirchengebäuden Christen, in Moscheen Moslems versammeln, trafen und treffen sich bis heute gläubige Juden in Synagogen, um dort über die vielschichtige Ansprache Gottes an seine Geschöpfe nachzusinnen, zu beten, Gott zu ehren und zu diskutieren – auch darüber, was es ausmacht, im Alltag als gläubiger Mensch zu leben.

Vertiefung und Weiterführung

(1) Die Übersetzung und Bedeutung des Namens „Jesus“ kannst du in Matthäus 1,21 nachlesen. In Lukas 2, 21 kannst du übrigens entdecken, dass Jesus am 8. Lebenstag beschnitten wurde.

(2) Was bedeutet dein Name?

Kinder als Rentenversicherung

Kinder waren zu der Zeit Jesu übrigens in erster Linie die „Rentenversicherung“ der Eltern. Natürlich wurden sie als Geschöpfe Gottes betrachtet. Und schon damals waren die Kinder die Zukunft des Volkes, auf denen viel Hoffnung ruhte, manchmal lastete. Das hat sich bis heute nicht geändert. Jugendämter zum Schutz und zur Förderung der Kinder oder allgemeine Schulrechte sollten erst viel später wichtige gesellschaftliche Errungenschaften werden.

Du wächst mit dem Lob und der Anerkennung deiner Besonderheiten

Stell dir nun vor, was ein Junge aus sich macht, dem etwas gelingt und der Anerkennung für seine Besonderheiten erhält. Vielleicht wird der eine Friseur, die andere Fußballerin, Politiker, Musikerin oder Gärtner. Vielleicht bleibt es ein Hobby oder verbleibt als Teil von Erinnerungen, wie auch immer.

Zurück zu Jesus: Gehen wir davon aus, dass du Jesus zunächst als einen jungen Menschen siehst, der zu seiner Zeit normal aufwächst, Geschwister und fromme Eltern hat, den Beruf eines Zimmermanns erlernt, der arbeitet – eben ein Mensch wie du und ich. Er hat seinen geregelten Tagesablauf, geht dann und wann feiern, ist gesellig, isst gerne Fisch. Als gläubiger Jude geht er in die Synagoge, hat wohl eine Grundbildung genossen, lernt zumindest Hebräisch lesen und kann viele Stellen der Heiligen Schrift auswendig zitieren. So weit war das für die damalige Zeit nicht ungewöhnlich.

Jesus fiel als junger Mensch zunächst deshalb auf, weil es ungewöhnlich war, dass ein Zwölfjähriger vor seinem religiösen Erwachsenwerden in der Synagoge oder im Tempel in Jerusalem tiefgehende Fragen stellte oder ihm bei seinen Ausführungen andächtig zugehört wurde. Vergleichbar ist das Alter Jesu bei uns heute mit Kindern vor der Konfirmation oder der Firmung. Jesus hatte somit schon früh Mut bewiesen, vor vielen Menschen zu sprechen. Und er konnte offensichtlich besonders gut über und von Gott reden.

Vertiefung und Weiterführung

Jesus spricht im Tempel in Jerusalem als 12-jähriger junger Mensch; siehe Lukas 2,41–52.

Jesus Beruf und Besonderheiten

Neben seinem Beruf als Zimmermann engagierte sich Jesus sicher im Umfeld der Synagoge, zumindest wurde er später als „Rabbuni" angesprochen, eine Steigerung der schlichten Anrede „Rabbi", die auf einen Lehrer und Kenner der Heiligen Schrift verweist. Jesus zeichnete sich offensichtlich im Rahmen religiöser Themen, Heilungen und Versöhnungen immer mehr und in besonderer Weise aus.

Vertiefung und Weiterführung

Folge Jesu Familie und Beruf, beispielsweise in Matthäus 13,55; Markus 3,21 und 31–35; Johannes 7,15 und 20,16.

Dein Leben ist voller besonderer Erlebnisse

So gehen die Jahre ins Land. Du kannst dir leicht vorstellen, was in der Zwischenzeit mit Jesus geschehen ist: Betrachte nur dein eigenes Leben und versetze es gedanklich in die damalige Zeit.

Über Jesu Leben vor seinem öffentlichen Auftreten wird vermutet, dass er lange im Ausland gewesen sei. Fasten – nicht hungern – oder meditieren könnte er im heutigen Indien, insbesondere in Nepal, gelernt haben. Dorthin verliefen nachweislich Handelswege aus dem Mittelmeerraum. Oder Jesus lebte vielleicht länger in einer spirituellen Gemeinschaft in der Wüste. Möglicherweise hatte Jesus zwischenzeitlich eine Freundin – oder vielleicht nie. All das sind Spekulationen, die aktuell nicht belegt werden können. Vielleicht wurden ihm alte Weisheiten, die verborgen überliefert wurden, zur Kenntnis gebracht, so, wie Pfarrern häufig Familienwissen anvertraut wird, damit es nicht verloren geht. Wer weiß das schon? Diese

Geschichten über Jesus sind oft Hypothesen und verfolgen andere, manchmal versteckte Ziele. Allesamt sind sie spannend und interessant, denn oft sind sie Erklärungs-, manchmal leider nur Irritationsversuche. Insgesamt ändern sie nichts an Jesu herausragender Biografie, vor allem an seiner befreienden Botschaft und der Nähe von Gott. Bei aller Ähnlichkeit mit dir und deinem Lebenslauf hat sich Jesus noch anders hervorgehoben. Er wurde zum Religionsstifter. In ihm haben sich uns Gottes Gegenwart und Wirken verständlich gezeigt, in Jesus hat Gott sich uns konkret erklärt. Jesus hat es nur einmal gegeben.

Vertiefung und Weiterführung

Wenn dich weitere Geschichten über Jesu Lebensweg interessieren, lies gerne über seine Geburt in Matthäus 2,1–23 und 15,21–28 sowie Lukas 2,1 ff. Die Erlebnisse in seiner Heimatstadt findest du in Markus 6,1–6.

Und du?

Ist dein eigener Lebenslauf so anders? Denke einmal an deine Besonderheiten, an das, wofür du oft gelobt wurdest und was du vielleicht bis heute noch gut kannst. Ja, auch du kannst Besonderes vorweisen oder hast wunderbare Geschichten zu erzählen. Mitunter kannst du damit kein Geld verdienen, aber du hast deinen Platz im Leben gefunden oder bist auf dem Weg dahin – auch wenn sich das immer wieder ändern kann. Gott kann sich genauso durch dich in deinem Umfeld bemerkbar machen, wie in dir ein Hauch der Gegenwart Gottes und seines Wirkens spürbar werden kann. Denn auch du darfst durch deine Besonderheiten in die Welt hineinwirken und diese mitgestalten.

Berühmte Persönlichkeiten

Berühmte Persönlichkeiten weit vor unserer Lebenszeit wie Nikolaus von Myra, Martin von Tours oder Franziskus von Assisi waren ebenfalls besondere Menschen und sind für uns bis heute großartige Vorbilder. Sie sind Jesus in besonderer Art und Weise nachgefolgt. Manche nennen sie Heilige, als Menschen unterscheiden sie sich jedoch überhaupt nicht von uns.

5

Das Leben Jesu (2): Seine Botschaft und was ihn ausmacht – auch du darfst dich entfalten

Jeder Mensch ist einzigartig, auch du. Stell dir vor, was du alles kannst und vermagst, wenn du dich frei machen kannst von gesellschaftlichen Zwängen, Anforderungen und Erwartungen. Wenn du, ohne deine Mitmenschen in ihren eigenen Freiheiten zu stören, dich plötzlich entfaltest. Und wenn es dabei auch noch einen gibt, der an dich und deine Fähigkeiten glaubt und dir etwas zutraut? Was kann daraus Konstruktives werden?

Für Jesus ist *jeder* Mensch wichtig – ohne Ausnahme

Jesus redet konkret mit dir. Du erlebst eine Ansprache, die dich aufbaut und dir nicht mit erhobenem Zeigefinger entgegenkommt. Eine dir zugewandte wohlwollende Offenheit, die dich nicht als ungenügend, schlecht oder fehlerhaft darstellt. Jesus baut eine Brücke, um Gottes Gegenwart und Wirken in deinen Alltag hineinzutragen. Er knüpft an dir bekannte Bilder an, um dir seine wachsende Liebe, seine Nähe und seine Perspektiven verständlich zu machen. Jesus ist kein Phrasendrescher. Er redet so mit dir, wie du es verstehst – zu jeder Zeit, in jedem deiner Altersabschnitte und Lebensperioden. Dieser Jesus handelt selbst so, wie er redet. Er hat eine besondere Wirkung auf dich, liebt dich ohne Vorbehalte, begegnet dir und allen anderen mit offenen Armen. Jesus heilt dich, versöhnt dich mit dir selbst und mit Gott. Wenn nötig, umfasst diese Heilung auch deine persönlichen Herausforderungen und Förderbedarfe, vor allem deinen Umgang damit. Vielen – vielleicht auch dir? – wird in seiner Nähe warm ums Herz. Viele lassen sich berühren, denken entgegen ihren alten Gewohnheiten an ihre Nächsten, teilen ihr Vermögen, ihren Proviant, schenken zur fortgeschrittenen Stunde den besten Wein aus, sorgen sich um Kranke, Ausgeschlossene oder Notleidende. Viele spüren in der Gegenwart Jesu eine besondere Nähe Gottes, spüren, dass etwas Friedvolles geschieht, wofür sie selbst keine Worte haben.

Vertiefung und Weiterführung

Wenn du dich für die überlieferten Reden Jesu und die Reaktionen darauf in seinem damaligen Umfeld interessierst, lies gerne als Beispiel in Matthäus 5–7 und 14,13–21; Markus 4 und 6,30–44; Lukas 18,13 f. und 19,1–10; Johannes 2,1–12 nach.

Durch seine Liebe kannst du frei für dich und frei für Gott werden

Jesus hat diese besondere Art, den Finger genau auf die zentralen Punkte zu legen, auf die es gerade ankommt: auf Wunden, Missstände und Unrecht. Dabei zielt er meistens auf Unfreiheit, auf Beschränkungen und enge Korsette, die du dir selbst angelegt hast oder hast anlegen lassen. In der Regel hast du dich nicht dagegen gewehrt, geschweige denn darüber nachgedacht, ob sie zu dir selbst oder vom Sinn her passen. Es sind die Einengungen, die dich letztlich daran hindern, manchmal sogar davon abhalten, durch und durch Gottes Kind zu sein.

In vielen Erzählungen stellt Jesus Konventionen, Traditionen, selbst Machtstrukturen infrage und handelt entsprechend. Er übertritt Gebote und Verbote nicht, um sie zu brechen oder aufzuheben, sondern um sie zu bestätigen und auf ihre Ursprünge zurückzuführen. Denn die Gesetze sind für die Menschen da. Jesus weist auf das Zentrum der Beziehung des Einzelnen zu Gott hin und lädt dich ein: „Liebe Gott von ganzem Herzen, aus ganzer Seele, mit all deiner Kraft, und liebe den Nächsten wie dich selbst." Er fasst die zentrale Botschaft der Heiligen Schrift radikal zusammen. Dabei spricht Jesus dich direkt an, er begegnet dir auf du und du, er ist nicht überheblich und will kein großes Aufsehen erregen, keine gesellschaftliche Anerkennung ernten. Jesu Absicht ist, zu den Wurzeln zurückzukehren und dir zu helfen, den Ballast abzuwerfen, der zwischen dir und Gott steht. Es ist der Ballst, der dich daran hindert, dich mit dir selbst und dadurch mit Gott zu versöhnen, um schließlich wirklich frei für Gott und dich selbst zu werden.

Vertiefung und Weiterführung

Jesu zentrale Botschaft findest du in Lukas 10,25–36 und Lukas 15, dort ist sie am verständlichsten wiedergegeben. Die Geschichte „Solidarität mit Gott im Alltag" in diesem Buch greift dieses Thema noch einmal auf.

Jesus glaubt an dich

Zurück zu dir: du spürst und entdeckst, wie Jesus dich ermutigt, frei zu werden. Er glaubt an dich und deine Möglichkeiten. Du kannst Kraft schöpfen, frei von eigenen, gesellschaftlichen und moralischen „Zwangsjacken" werden, die das Leben in der Gegenwart Gottes mehr behindern als fördern. Jesus ruft dir zu, dass es gar nicht so schwer ist, die hohen Erwartungen an das eigene Leben, zwanghafte Maßstäbe, die Angst vor Neid, manchmal deinen Perfektionismus aufzugeben. Es ist viel leichter, als du denkst. Deine Sorgen kann dir Jesus zwar nicht abnehmen, aber er kann dir Orientierung geben, damit umzugehen. Versuche es gerne und du wirst sehen, du wirst freier und erfüllter sein, als es dir die Welt je geben und versprechen kann.

Vertiefung und Weiterführung

Wenn du magst, lies Markus 2,23–28 als Beispiel dafür, dass viele Gelehrte immer wieder versucht haben, Jesus zu verleiten, sich formal korrekt zu verhalten, damit aber gegen die wirksame Liebe Gottes zu handeln. Zum Umgang mit deinen Sorgen im Alltag findest du eine symbolische Beschreibung in Matthäus 14,22–35 sowie Psalm 18,5 und 69. Die Geschichte „Über das Wasser seiner Tränen" in diesem Buch greift dieses Thema ebenfalls auf.

Die Liebe Jesu verändert Menschen

Von der Gesellschaft ausgestoßene und abgeurteilte Menschen –so wird es berichtet- zieht Jesus an, manche geben ihre Abwege auf, weil sie sich gesehen und geliebt fühlen. Sie ändern ihr Leben, denken um, manchmal sogar ganz neu. Sie kommen aus den dunklen Ecken der Gesellschaft heraus und wandeln nun im Hellen, im Licht. In diesen Geschichten wird deutlich, wie die Liebe Jesu jede und jeden von uns verändern kann. Andere, die Jesus begegnen, sehen in ihm zunächst einen besonderen Menschen mit herausragenden Fähigkeiten, mit einer besonderen Aura. Sie sind zum einen begeistert, lassen sich anrühren, zum anderen bleiben sie verunsichert. Ist das heute nicht auch so?

Vertiefung und Weiterführung

(1) Wenn du magst, lies zum Beispiel Markus 10,17–25; Lukas 7,18–23 und 33 f.

(2) Was denkst zu Jesus und seinem Wirken? Fühle gerne in dich hinein.

Und du?

Wo stehst du? Tut es dir gut, wenn du dich angenommen, ja sogar geliebt fühlst? Wenn Anforderungen, eigene und die von außen weniger wichtig werden, sich Schwere löst? Kannst du leichter atmen, wenn du deine eng machenden Gewohnheiten oder bildliche Fesseln ablegen kannst? Empfindest du mehr Freiheit in deinem Leben? Wie wird es dir ergehen, wenn du schließlich bei dir selbst ankommst und du deine Neigungen und Fähigkeiten umsetzt und lebst – ohne ganz frei von Orientierungen, Lebensumständen und Rahmenbedingungen zu sein? Wächst dir trotz körperlicher, vielleicht psychischer Herausforderung oder besonderer Förderbedarfe Vertrauen zu?

Und was machst du, wenn du nicht frei werden kannst, es kein Zeitfenster mehr gibt oder die Umstände keine Änderung zulassen? Kannst du trotzdem inneren Frieden finden? Siehe dazu Geschichte 9 und 14.

6

Das Leben Jesu (3): Sein Weg, sein Wirken – lebst du deine Besonderheiten?

Stell dir vor, du erhältst eines Tages unerwartet einen Impuls von deinem Onkel oder einer guten alten Freundin. „Sag mal, was ist aus deiner besonderen Fähigkeit, deiner Kraft geworden?", könnte er oder sie fragen. „Was hast du aus dir gemacht?" Dieses Ereignis rührt dich an, dich an deine besonderen Fähigkeiten zu erinnern. Der Impuls führt dich auf einen inneren Antrieb zurück, den du im Lauf deines Lebens und dem Anwachsen deiner Aufgaben längst vergessen hast. Du fängst an, darüber nachzudenken und gelangst zu der Überzeugung, deine Besonderheiten stärker einzusetzen.

Bei Jesus war das ähnlich. Er konnte packend und überzeugend von und über Gott erzählen: so praxisnah und verständlich, als ob Gott selbst zu dir spräche und gegenwärtig wäre. Zudem führte Jesus sehr unterschiedliche Menschen zusammen – und zu Gott. Viele von ihnen heilte er seelisch, und immer wieder gesundeten diese und andere auch körperlich.

Jesus erhält einen Impuls von außen

Der äußere Anlass für Jesus war vermutlich sein Cousin, Johannes der Täufer. Sie kannten sich schon lange, und Johannes war sicher aufgefallen, dass Jesus Besonderes vermochte. Als Johannes zur

Taufe im Jordan einlud, zum Reinwaschen von allen Untaten, zur Abkehr vom bisherigen Lebenswandel und zur Umkehr zu einem gottesfürchtigen Leben, fühlte Jesus sich angesprochen. Denn wie Johannes und mit ihm viele Getaufte glaubte auch Jesus, dass die Vollendung der Liebe Gottes, sein wirksames Eingreifen in die Weltgeschichte, zumindest jedoch die große Abrechnung Gottes mit uns, kurz bevorstanden. Jesus ließ sich folglich im Jordan taufen. Und während dieser Taufe schien etwas mit Jesus zu geschehen. Was, vermochten die unmittelbar Beobachtenden und späteren Verfasser der Evangelien nur mit einer Taube, die Jesus berührte oder auf ihn herabfuhr, zu umschreiben – sichtbar oder nicht und mit einem Geräusch ähnlich einer Stimme. Dieses kaum zu beschreibende Phänomen suchte eindeutig Jesu Nähe, es blieb an ihm haften. Jesus selbst nannte es später seinen „Vater“ – nicht biologisch gemeint –, mit dessen Gegenwart er verschmolz, ohne in ihm aufzugehen.

Die Taufe bewog Jesus, seine Fähigkeiten, seine besonderen Gaben und seine Kraft in radikaler Abkehr von seinem bisherigen Leben einzusetzen. Fortan verkündigte er die Liebe Gottes in Worten und Taten weit über seinen bisherigen Wirkungskreis hinaus. Dabei kam und kommt es Jesus auf jeden Einzelnen, auch auf dich heute, an. Will heißen: Jesus will die Beziehung zwischen Gott und dir nachhaltig und barrierefrei ermöglichen, stärken oder bei Bedarf immer wieder herstellen. Das nachhaltige Wirken Gottes stellte Jesus als Wachstumsprozess dar, der beim Einzelnen anfangen und nach und nach die komplette Welt umfassen soll.

Vertiefung und Weiterführung

(1) Wenn du neugierig geworden bist, schlage gerne das erste Kapitel in Markus auf, in dem Jesu Taufe beschrieben wird. Vergleiche diese Stelle gerne mit den Anfängen der dritten Kapitel von Matthäus und Lukas.

(2) Wie sich Jesus in der Folge auf den Weg gemacht hat, kannst du direkt im Anschluss daran lesen. Hinweise auf dieses Ereignis gibt es bereits in Jesaja 42,1–9.

(3) Das Wachsen der Liebe Gottes in der Welt beschreibt Jesus mithilfe des Gleichnisses von Saatkörnern, das du beispielsweise in Matthäus 13, Markus 4 oder Lukas 8 findest.

Deine Besonderheiten kommen zur Entfaltung

Nun zu dir. Stell dir einmal Folgendes vor: Irgendetwas Ungewöhnliches geschieht auch mit dir. Irgendetwas vermeintlich Belangloses – ein Impuls, ein Wort, eine Frage – stärkt deinen Mut, dich auf deine Fähigkeiten, dein „Gewusst wie" zu konzentrieren. Schlagartig siehst du die Welt anders und entscheidest dich, deinen Besonderheiten nachzugehen.

Ergriffen änderst du binnen einer Woche dein Leben. Brichst alte Kontakte ab, verabschiedest dich von deinen Eltern, packst buchstäblich deine Siebensachen und gehst deinem neuen Lebensabschnitt entgegen. Du weißt nur, dass es für dich stimmig ist, und hast allenfalls eine Ahnung davon, wie es endet. Voller Gottvertrauen brichst du auf, quasi in ein neues Leben hinein. Dein altes Ich wirst du zwar nicht los. Auf das wirst du immer wieder gestoßen, sei es, dass deine Eltern dich nach Hause zurückholen wollen oder deine alten Bekannten dich auslachen. Schließlich kannten sie dich schon als Kind oder nur in deinem alten Leben. Das Geschehen ist aber nicht mehr aufzuhalten. Für dich gibt es keinen Weg zurück.

Vertiefung und Weiterführung

Jesus ist es nicht anders ergangen. Folge ihm gerne in Markus 3,31–35 oder Lukas 4,16–30.

Das Bekenntnis zu Jesus durch seine Freunde

Zurück zu Jesus: Jesus verschmolz mit seinen Fähigkeiten und ging derart in ihnen auf, dass sich die Gegenwart Gottes in einem Eins-Sein mit ihm manifestierte. Er verschmolz mit Gottes Gegenwart und Gott verschmolz mit ihm – ohne dass sie ineinander aufgingen. Dergestalt wurde sein Wirken von vielen und insbesondere von seinen Freunden wahrgenommen. Jesus und Gott wurden zu einer Einheit, deren Wirkung und Kraft auch dir und uns allen eine innere Orientierung geben kann – wie ein Magnet, der den Eisenspänen um sich herum eine klare Richtung gibt.

Seine unmittelbare Umwelt konnte sich ihm kaum entziehen. Sie erkannte in Jesus den Angekündigten, den Auserwählten Gottes, den Christus, in dem Gottes Gegenwart greifbar wurde und bis heute wird. Das war damals ein Segen und ist es für viele noch heute, weil Gott immer wieder Wege sucht, uns allen und auch dir nah zu sein. Er kommt dir entgegen, und zwar so, dass du ihn verstehen kannst.

Vertiefung und Weiterführung

Wenn dich das Bekenntnis, dass Jesus der Christus ist, interessiert, lies gerne nach in Matthäus 16,16 oder Lukas 7,18–35.

Jesus neuer Lebensabschnitt ist wie eine neue Geburt

So verstanden, ist Jesus durch seine Taufe in die Welt erneut hineingeboren worden. Bis heute ist das einzigartig. Jesus nimmt sein „neues Leben", seinen neuen Lebensabschnitt an und folgt seiner inneren Motivation, seiner Berufung. Er kann somit als Gottes Sohn bezeichnet werden – eine besondere Anrede, die übrigens schon weit vor Jesu Geburt üblich gewesen ist.

Vertiefung und Weiterführung

(1) Wenn du darüber mehr wissen möchtest, schlage beispielsweise Psalm 2,7 auf. Dieser Psalm ist ein Krönungspsalm für Könige weit vor Jesu Geburt.

(2) Jesus nannte sich selbst übrigens nicht Christus. Er nutzte später immer wieder eine für uns heute nicht mehr gebräuchliche Bezeichnung, die ausdrücken sollte, dass in ihm gewissermaßen Gott und wir verbunden sind und eine besondere Zeit anbricht: „Menschensohn". Siehe dazu zum Beispiel Daniel 7,13 f.; Markus 2,28; Lukas 7,4.

Ein neues Zeitalter – die Zeitenwende

Die Erwartungen an Gott waren zu Jesu Zeiten eng mit dem Alltagsgeschehen verwoben. Die Last externer Besatzungsmächte – damals waren es die Römer, religiöse Zwänge und eingefahrene, unflexible

Machtstrukturen – bedrückte viele Menschen. Die Hoffnung auf bessere Zeiten ohne Tränen und Machtansprüche Dritter, auf eine gerechte Verteilung der Güter und genug zu essen für alle, auf Gesundheit und einen guten Umgang miteinander, die Sehnsucht nach umfassendem Frieden und die Möglichkeit, Spiritualität und die Nähe zu Gott uneingeschränkt zu leben, waren in allen Straßen präsent. Alle sollten von der Liebe Gottes umschlossen werden, keiner sollte außen vor bleiben. Wenn du die Inhalte der Hoffnung Jesu mit heute vergleichst, haben sich viele Hoffnungen gläubiger Christen nicht grundlegend verändert.

Nach Jesu Vorstellungen stand ein neues Zeitalter bevor. Die damalige Weltordnung war – in welcher Weise auch immer – im Untergang begriffen. Auch Jesus erwartete ein direktes Eingreifen Gottes in das Weltgeschehen: Es sollte eine neue Welt mit göttlicher Ordnung entstehen. Folglich war es für Jesus wichtig, dass die Menschen um ihn herum ihre Lebensweisen, Werte und Maßstäbe noch einmal überdachten. Auch sollten sie Gott wieder in den Mittelpunkt des eigenen Handelns und Redens stellen, um frei für Gott und von seiner Liebe umfasst zu werden. Neues lag in der Luft. Jesus umschrieb das als die greifbare Liebe Gottes zu seinem Volk, die sich zunehmend manifestieren und langsam die Gesellschaft verändern sollte. Zentrale Botschaften waren die Geschichte vom Vater, der seine abhandengekommenen Kinder mit Freuden wiederaufnimmt, die Aufforderungen an uns, Gott mit ganzem Herzen, mit ganzer Seele, Willensstärke und Kraft zu lieben und uns finden zu lassen. Und schließlich sind wir bis heute alle eingeladen, jene nicht zu vergessen, die in Not sind, die uns anrühren. Sie sollen wir behandeln, wie wir behandelt werden möchten, wenn wir uns selbst in Not befinden.

Vertiefung und Weiterführung

Jesu zentrale Botschaft findest du in Markus 1,14–15, Lukas 10,25–36 und Lukas 15. Siehe auch die „Goldene Regel" in Matthäus 7,12, die übrigens auch in anderen Religionen zu finden ist.

Jesus wird sich seiner Bedeutung bewusst

Dass Jesus, der als Mensch greifbar war und dennoch mit Gott verschmolzen ist, selbst im Zentrum des Neuen stand, wurde von den Außenstehenden bereits früh wahrgenommen. Jesus selbst hatte anfangs wohl allenfalls eine Ahnung davon. Später wurde er sich dessen – und damit seiner selbst – aufgrund seiner Erlebnisse offenbar stärker bewusst. Interessant ist, dass bereits das Alte Testament auf Jesus und seinen Weg hinweist. Dort finden sich Annäherungen, die auf Jesus hindeuten (können). Diese prophezeien ihm persönlich zwar ein schreckliches Ende, dafür aber einen Neuanfang für uns alle mit Gott – wenngleich anders, als Jesu Umfeld es damals glaubte.

Vertiefung und Weiterführung

Wenn dich die Vorhersagen im Alten Testament, die auf Jesus hinweisend interpretiert werden, interessieren, schlage zum Beispiel Psalm 22,17–19; Jesaja 7,14 und 9,5 f. sowie 52,7–53,12 oder Sacharja 9,9 auf.

Und du?

Bist du bereits aufgebrochen, deine dir geschenkten Besonderheiten in dein Leben und deine Berufung umzusetzen, sie zur Geltung zu bringen, vielleicht deinen Traum zu leben? Vielleicht traust du dich nicht und hast Angst vor deiner eigenen Courage, mitunter den – möglicherweise auch unangenehmen – Folgen?

Jesus bietet dir ohne Wertung und ohne Abwertung an: Komm her zu mir, ich will dich fröhlich machen. Lerne von mir. Gehe mit mir über das Wasser deiner Sorgen. Schau auf mich und glaube an mich. Denn ich glaube bereits an dich. Deine Sorgen werden nicht verschwinden, aber du kannst besser damit umgehen, wenn du mir deine Sorgen anvertraust. Lass dich mit dir, deinem Umfeld und mit Gott versöhnen, werde frei für dich und deine Besonderheiten, mit denen du die Welt beschenken darfst. Denn auch du darfst spüren, wie es sich anfühlt, dir, deiner Bestimmung und schließlich Gott nah zu sein. Folge mir, ich will dich fröhlich machen.

Vertiefung und Weiterführung

(1) Wenn du das noch einmal nachlesen möchtest, schaue gerne nach in Matthäus 11,28–30 und 14,22–33, unter Einbeziehung von Psalm 18,5 und 17 sowie Psalm 69.

(2) Das gilt ebenso dann, wenn du deine Besonderheiten nicht leben kannst.

– Adorant –

(Anbetender)

7

Das Leben Jesu (4): Sein Tod – Endgültiges kennst auch du

Stell dir bitte einmal Folgendes vor: wie Jesus, Dir gelingt nahezu alles. Dein Erfolg und dein Ruhm werden größer, genauso wie die Anfragen nach deinem Können. Du lebst mit deinen Fähigkeiten, bist in deinem Element, überzeugend, erfolgreich. Alle kennen dich. Viele freuen sich auf deine Nähe, laden dich ein, versuchen, etwas von deinem Glanz zu erhaschen, schließen sich dir an. Sie erlangen zwar nicht deine Tiefe und Fülle, aber sie sind fasziniert von der Stimmung, die von dir ausgeht, von deinem Charisma, von der Gegenwart deiner Anwesenheit.

Dein Ruhm

Immer wieder gelingt es dir, dich zurückzuziehen, zu meditieren, ruhige Orte aufzusuchen oder dich an deine Kraftquelle anzuschließen. Doch kaum erscheinst du wieder in der Öffentlichkeit, bist du gefragter als je zuvor. Und wenn du einen Ort verlässt, kommen dir die Menschen des nächsten Ortes bereits entgegen.

Zu Jesus: er war schließlich sehr berühmt und seine Anhänger so vielfältig wie die Erwartungen, die an ihn gestellt wurden. Spätestens beim Einzug in Jerusalem vor dem jüdischen Pessachfest nahmen die Ausmaße seiner Anhängerschaft die einer Volksbewegung an.

Vertiefung und Weiterführung

Wenn du Jesu Weg nach Jerusalem verfolgen magst, lies gerne Markus 11,1–11 und Johannes 12,12–19.

Die Kehrseite des Wirkens Jesu

Doch dann kam vieles zusammen. Damals fühlten sich die römischen Machthaber durch das Auftreten Jesu bedroht. Sie wollten keine Unruhen, sondern Ruhe und Frieden bewahren. Die religiösen Autoritäten wiederum hatten möglicherweise Angst um ihr Ansehen und nicht zuletzt um ihre Posten. Einige waren neidisch auf die Beliebtheit Jesu, andere waren enttäuscht, weil Jesus sich für ihre Anliegen, zum Beispiel gegen die römische Besatzungsmacht zu rebellieren, nicht benutzen ließ. Wieder andere – vielleicht die Mehrheit – hörten Jesus zwar zu und ließen sich mitunter von ihm heilen, wollten ihr Leben nach Jesu Botschaft jedoch nicht ändern. Die Gegenwart Gottes forderte ihnen persönlich offensichtlich zu viel ab. Ob das heute anders wäre? Stell dir vor, Jesus würde bei uns auftauchen. Lass deinen Gedanken freien Lauf.

Jesus erkennt, dass er sterben muss

Jesus verstand sich als besonderer Diener Gottes, demütig und schließlich ergeben bis zum Tod. Die Vorhersagen hatten seinen (grausamen) Tod angekündigt, was Jesus seinen Freunden alsbald mitteilte und beim letzten Abendmahl besonders bekundete. Gleichzeitig legte er ihnen dar, dass sein Tod einen Neubeginn in der Beziehung zum Vater darstellen würde.

Vertiefung und Weiterführung

(1) Wenn du Beispiele zu Jesu Ahnung, sterben zu müssen, lesen möchtest, schau gerne in Markus 14,22–25 sowie Johannes 12,1–7 nach. Mit Sicherheit kannte Jesus auch die Vorhersagen aus Jesaja 52,7–53,12.

(2) Vielleicht lag im Bewusstsein seines Todes der Grund für die Radikalität, mit der er auftrat und zum Teil handelte. Ihm war offensichtlich bewusst, dass sein irdisches Leben zeitnah enden würde. Sein Umfeld wollte das hingegen nicht wahrhaben, tatsächlich verstand das kaum jemand. Diejenigen, die es verstanden, wurden in ihren Handlungen nicht ernst genommen oder gar gescholten, siehe beispielsweise Markus 14,3–9.

Das Lebensprogramm Jesu

Müßig sind und bleiben sämtliche Spekulationen, ob alles anders gekommen wäre, wenn Jesus seine Beliebtheit, die Begeisterung, den Jubel, der ihm beim Einzug in Jerusalem entgegentobte, genutzt und zum Aufstand gegen die verschiedenen Autoritäten aufgerufen hätte. Dann wäre er jedoch weder in seiner radikalen Liebe glaubhaft gewesen, noch hätte die Gegenwart Gottes in ihm seine Anhänger überzeugt. Nein, der Plan, das Programm Jesu nahm seinen möglichen gewaltsamen Tod billigend in Kauf, mitunter war der Tod sogar ein Ziel seines komplexen Lebens, um uns – auch dich – Gott näher zu bringen.

Jesu Gefühle am Ende seines Lebens

Dass Jesus seinen Weg je bereut oder er zurück in sein beschauliches Leben vor seiner Taufe gewollt hätte, ist nicht überliefert. Möglicherweise waren Jesu Kraftquellen unerschöpflich, seine Vermischung mit Gottes Gegenwart so deutlich und sein Ziel seit Langem klar.

Trotzdem, es gibt Hinweise, dass auch er ein Mensch mit persönlichen Grenzen und offenen Fragen war. Offensichtlich hatte er Angst vor seinem Weg, den er erahnte. Jesus hat mit Gottes Gegenwart gerungen, sogar gebeten, einen anderen Weg gehen zu dürfen. Schließlich hat er noch im Sterbeprozess geklagt, dass er Gottes Nähe nicht spüre. Jesus war in diesen Momenten ganz wie du und ich: ein Mensch mit Gefühlen, der im Leid die Gegenwart Gottes nicht oder nicht gut spüren kann. Das ergeht dir und mir im Leid selten anders, auch wenn uns Gott gerade in diesen Momenten in besonderer Weise begleitet und trägt.

Vertiefung und Weiterführung

Wenn du neugierig geworden bist, lies gerne nach in Matthäus 26,36–46.

Jesu Ende wird beschlossen

Die Stimmung in Jerusalem war aufgeheizt. Jesus brachte zudem noch den einen oder die andere gegen sich auf. Ehemalige Kontrahenten hatten in ihm einen neuen, einen einzigen Gegner ausgemacht, gegen den sie sich vereinigen konnten. Das ist mit streitenden Kindern vergleichbar: Sobald die Eltern zum Schlichten dazukommen, werden sich die Kinder rasch untereinander einig und halten zusammen, um den Eltern zu zeigen, dass diese sich nicht einmischen sollen. In Jesus kam Gott, den Jesus als Erster als Vater bezeichnet hat, zu seinen Kindern, zu seinem Volk. Viele seiner Kinder bejubelten ihn beim Einzug nach Jerusalem. Unterschiedliche Gründe führten somit zusammen, sodass sich einige mitunter wegen, andere trotz des Jubels der Massen einig waren: Jesus sollte weg! Die breite Masse konnte offenbar wenig gegen diese Intrige ausrichten. So wurde schließlich in Jerusalem, dem Zentrum der regionalen Machthaber, durch die Römer ein Exempel statuiert: Jesu Tod am Kreuz.

Nach Jesu Tod entstand zunächst der Eindruck, dass es seinen Gegnern tatsächlich gelungen war, ihn ans Kreuz – das Folterinstrument der Römer – nageln zu lassen und einem qualvollen Erstickungstod auszuliefern. Die „Sache Jesu" schien am Kreuz beendet worden, Jesu zentrale Botschaft „Liebe Gott von ganzem Herzen, aus ganzer Seele, mit all deiner Kraft, und liebe den Nächsten wie dich selbst" schien an den zeitgenössischen Machtgegebenheiten gescheitert zu sein.

Vertiefung und Weiterführung

(1) Die letzte Zeit des Wirkens Jesu insbesondere in Jerusalem ist sehr kompakt beschrieben und in größeren Abschnitten nachzulesen. Wenn du dich noch weiter darin vertiefen möchtest, lies gerne nach in Matthäus 21,1–27,66; Markus 11,1–15,47; Lukas 19,28–23,56. Die verschiedenen Evangelien sind einander in dieser Hinsicht sehr ähnlich und weisen nur kleinere Abweichungen voneinander auf. Johannes 12,12–19,42 lehnt sich ebenfalls an, allerdings mit mehr Besonderheiten und eigenen Texten.

(2) Jesu Existenz wird auch in außerbiblischen Quellen erwähnt, und zwar bei Publius Cornelius Tacitus, Annalen XV.44; Flavius Josephus, Jüdische Altertümer XVIII.3.3 (u. a.).

(3) Wenn du Details zum Prozess gegen Jesus und dessen Tod wissen möchtest, lies beispielsweise Markus 14,43–15,20a oder Markus 15,20b–41.

Und du?

Endgültiges kennst auch du. Dass dein Leben von einem Tag auf den anderen anders verlaufen kann, kennst du sicherlich ebenfalls. Erlebnisse wie Krankheiten, Unfälle, nicht bestandene Prüfungen oder abrupt beendete Beziehungen, die ein Zurück in einen vorangehenden Lebensabschnitt nicht mehr zulassen, erlebt jede und jeder uns. Desgleichen schaffen es manche Neider, Konkurrenten oder Enttäuschte, deine Karriere einzuschränken oder sie sogar zu beenden. Deine vormals besten Freunde verlassen dich. Deine Mutter und deine Familie halten möglicherweise noch zu dir, zwei, drei alte Freunde sind vielleicht auch noch da. Mitunter wirst du krank, fühlst dich allein, dir ist kalt ums Herz, du bist verbittert, schutzlos, mittellos. Dein vormals strahlendes Licht erlischt.

Aber, wenn bei dir etwas stirbt, was geschieht dann? Du leidest fürchterlich, fühlst dich allein, und wenn du keine Hinweise erhältst, suchst du in deinen Erfahrungen nach einem Sinn – doch der ist nicht immer sofort ersichtlich. Was machst du dann? Gibst du auf?

Vorab: Manche Sinnzusammenhänge erschließen sich dir erst später, und dann stärken sie dich für die Zukunft.

8

Das Leben Jesu (5): Sein neues Da-Sein – wenn ein Fenster zugeht, geht eine Tür auf

Zunächst zu dir: Stell dir das Ende eines Berufsweges, eine endgültig nicht bestandene Prüfung, den Tod eines nahestehenden Menschen, eine Vulkaninsel nach einem Ausbruch, Hochwasser, die Corona-Pandemie vor. Was übrig bleibt, sind Erinnerungen an frühere Arbeitstage, geplatzte Zukunftspläne, eine verbrannte Insel, ein unbesetzter Platz am Tisch, weggeschwemmte Häuser, eine unwiederbringliche Normalität. Es entsteht ein Schockzustand, eine Leere, ein Vakuum, vielleicht ein Luftanhalten. Die bekannte Welt mit ihren gesicherten Abläufen und Vorstellungen, ihren Wünschen und Träumen existiert nicht mehr. Der alte Zustand ist nicht wiederherzustellen. Es ist definitiv Schluss.

Nach Jesu Tod ist nichts mehr geschehen?

Es gelang seinen Widersachern schließlich, Jesus ans Kreuz nageln zu lassen und ihn (vermeintlich) für immer zum Schweigen zu bringen. Nur wenige Freunde blieben nach seinem Tod noch zusammen. Die Volksbewegung, die sich noch beim Einzug Jesu in Jerusalem abzeichnete, hatte schlagartig ein Ende gefunden. Die meisten kehrten nach seinem Tod zurück nach Hause, viele traurig und enttäuscht, andere verbittert und desillusioniert. Oder sie haben schlichtweg resigniert und nicht mehr daran geglaubt, dass sich die Welt durch ein Eingreifen Gottes noch ändern könnte. Jesu zentrale

Botschaft von der Liebe Gottes schien an dem zeitgenössischen weltlichen Machtgefüge gescheitert zu sein. Vielleicht wollten einige den neuen Zustand nicht wahrhaben oder konnten sich mit dem Tod Jesu nicht abfinden. Trauer, Enttäuschung oder Frust hin oder her: Sie erzählten, er sei gar nicht gestorben, sondern verberge sich nur. Oder sie versteckten seinen Leichnam und erfanden Geschichten darüber, dass er nicht tot, sondern an einzelnen Orten sogar gesehen worden sei.

Lügen haben kurze Beine

Doch überlege bitte: Könnten solche Wahrheitsvarianten über Tausende Jahre hinweg bestehen? Du kennst sicher die Volksweisheit „Lügen haben kurze Beine". Das bedeutet, dass sich Lügen am Ende nicht durchsetzen werden. Beachte bitte weiterhin, dass solche Erzählungen den Grundsätzen der Predigten Jesu widersprechen. Jesus hat das Gebot der Liebe zu Gott und untereinander formuliert. Verbunden mit den Zehn Geboten, die auch Jesus kannte, sagt das Gebot der Liebe sinngemäß: „Wenn du Gott, wenn du Jesus wirklich liebst, wirst du bis zum Ende deiner Tage nicht gelogen haben."

Schließlich, was hätten die engsten Freunde Jesu mit einer Lüge erreichen können oder wollen? Was wollten sie retten, erhalten, vielleicht gewinnen? Seine engsten Vertrauten hatten bereits selbst viel für ihr Zusammensein mit Jesus aufgegeben, ihre Familie, ihr Haus und ihren Beruf, weil sie dem direkten Zuruf Jesu, in dem sie Gottes Gegenwart und Wirken erkannten, folgten. Wollten sie nur ihr Gesicht wahren, Irrtümer in ihrem häuslichen Umfeld nicht zugeben, sondern „einfach weitermachen"? Überzeugend klingen diese Thesen alle nicht – und persönliche „Fanclubs" hätten mit großer Sicherheit keine 2000 Jahre durchgehalten.

Wissenschaftliche Erklärung?

Eine wissenschaftliche Erklärung der Ereignisse nach Jesu Tod gibt es nicht. Eine Erklärung wird es auch nie geben. Es bleibt ein Geheimnis, vielleicht *das* Geheimnis der Weltgeschichte schlechthin. Gottes Gegenwart und Wirken lassen sich weder in Kategorien einordnen noch kontrollieren oder einfach „ans Kreuz nageln". Das ist manchmal ungewöhnlich, manchmal erschreckend, manchmal wunderbar – und nicht selten alles zugleich. Aber wäre nach seinem Tod nichts weiter geschehen, wäre Jesus möglicherweise in Vergessenheit geraten, und niemand würde heute mehr von ihm sprechen oder etwas über ihn wissen.

Vertiefung und Weiterführung

(1) Wenn dich die Freunde Jesu mit allen ihren Zweifeln und Irritationen interessieren, dann lies gerne in Matthäus 4,18–22 oder Markus 3,13–19.

(2) Dort wird übrigens auch der Begriff „Menschenfischer" erwähnt. Der Begriff hört sich zunächst vielleicht beengend an, will aber verdeutlichen, dass die neuen Freunde Jesus helfen sollen, Menschen zu retten und vor dem Ertrinken im Wasser ihrer Sorgen. Die Ertrinkenden sollen herausgefischt, gerettet werden – siehe dazu auch Psalm 18,5 und 17–19 oder Psalm 69- und zurück in die menschliche Gemeinschaft integriert und bei Bedarf zu Gott begleitet werden.

Der Beginn einer neuen Zeitrechnung

Halten wir fest, dass Jesus, die greifbare Gegenwart Gottes und sein Wirken in der Welt, zunächst am Kreuz gestorben ist. Jesus hat den Tod jedoch in uns unbegreiflicher Weise überwunden und eine neue Existenz angenommen. Sein Tod war weder sein eigenes Ende noch das Ende des Wachstums der Liebe Gottes unter uns. Menschliche Maßstäbe waren und sind offensichtlich nicht absolut gültig. Die Verkörperung der Liebe Gottes in Jesus, der uns nah sein will, ist so wirkmächtig, dass dieses Ereignis zum Beginn einer neuen Zeitrechnung wurde. Und schließlich hält diese Glaubenswahrheit, das Ergriffensein von Jesus, bis heute an. Einladungen, ihm zu folgen, werden bis heute angenommen, und christliche Gemeinschaften wachsen nach wie vor – weltweit.

Vertiefung und Weiterführung

(1) Wie ist dein Gottesbild? Vielleicht „Der Mensch denkt, Gott lenkt"? Lies gerne in Sprüche 16,9 und Jesaja 55,8–11 nach und entdecke, was die Bibel sinngemäß dazu sagt.

(2) Begegnungen mit Jesus in seinem neuen Da-Sein und die wachsenden Gemeinschaften findest du insbesondere in Matthäus 28; Markus 16; Lukas 24; Johannes 20 und 21 oder in der Apostelgeschichte 1 und 2.

(3) Das Kreuz als todbringendes Folterinstrument der Römer entwickelt sich später zum Symbol des Lebens. Kannst du diese Entwicklung nachvollziehen?

Das Bekenntnis zu Jesus als Christus

Wie es in Jerusalem in den Tagen danach aussah, können wir nur vermuten. Dass ein Prozess der Transformation im Gange war, konnte keiner ahnen. Wie sollte es weitergehen?

Dem Tod am Freitag folgte die frohe Botschaft am Sonntag. Da war die eine, schlechte Nachricht noch nicht verarbeitet, als auch schon die nächste, gleichwohl ungewöhnliche, neue und frohe Nachricht eintraf: Jesus hat seinen Tod überwunden. Er existiert *irgendwie*. Der lebendige Gott, der Magnet ordnet erneut seine Eisenspäne. Er will uns, er will dir in Liebe begegnen, er bleibt uns treu – und das bis heute. Die Ereignisse bestätigten den Gläubigen die greifbare Anwesenheit Gottes in einem Menschen wie du und ich. Die Nachricht am Sonntagmorgen unterstrich die Vermutung, dass Gottes Gegenwart und Wirken in Jesus greifbar war. Jesus war kein Hochstapler, sondern *Christus* – hebräisch *Messias*, der Auserwählte, auf den die Glaubenden schon lange gewartet hatten. Der Titel „Christus" stellte und stellt somit ein Bekenntnis zu Jesus dar und hebt sowohl sein Leben als auch das, was er gesagt und getan hat, hervor. Jesu Reden und Leben wurden zu Orientierungen für alle Gläubigen. Sie sind bis heute eine Einladung an dich, dich auf den Weg zu machen oder dich von Gott finden zu lassen und – soweit noch nicht erfolgt – frei zu werden und zu bleiben.

Jesus Christus macht dich frei, nahe bei Gott zu sein – kannst du das annehmen?

Jesu Verständnis von seinem Tod wurde erst nach seinem neuen Da-Sein verstanden und als Geschenk (biblisch „Opfer") an Gott betrachtet. Jesus opfert sich, um dir ständig eine Brücke zu Gott zu bauen. Insoweit knüpfte Jesus an den Erfahrungshorizont seiner Zeitgenossen an, die Gott als Dank oder als Bitte um „Ent-Schuld(ig)ung" Opfer darbrachten, um Gott wieder näher sein zu dürfen. Gleichzeitig schuf Jesus etwas Neues, denn er hob die damals bestehenden Opferregeln auf. Opfer für Gott bedurfte es nach Jesu Tod nicht mehr, sie wurden in jegliche Weise und für alle Zeiten abgeschafft. Im Glauben an den Tod Jesu soll es dir und allen Gläubigen leichter gemacht werden, die Beziehung zu Gott ohne Gegenleistung zu pflegen. Jesus hat all deinen Ballast, all deine Verfehlungen (biblisch „Sünden"), auf sich und mit in seinen Tod hineingenommen. Dadurch kannst du immer die Hoffnung behalten, dass die Liebesbeziehung Gottes zu dir lebendig bleibt und du für dich und Gott tagtäglich frei sein darfst.

All das ist vermutlich schwer anzunehmen, zumal du heute gewiss ganz anders denkst als die Menschen vor 2000 Jahren. Die persönliche (zu pflegende) Beziehung einer jeden und eines jeden zu Gott ist Grundlage des Verständnisses von Jesu Leben und Tod – noch heute. Es entspricht dem gelebten jüdischen Weltbild, das die Grundlage des Christentums bildet und damit Teil des individuellen Würde- und Freiheitsverständnisses unserer heutigen Gesellschaft ist.

Vertiefung und Weiterführung

(1) Musste Jesus für uns sterben? Entschuldigt dich Gott nur dann, wenn du Geschenke (Opfer) darbringst? Wenn dich interessiert, was Jesus zu Brandopfern gesagt hat, schlage gerne Markus 12,28–34 oder Johannes 2,13–16 auf: Jesus legte mehr Wert auf den richtigen Lebenswandel des Einzelnen. Ständige Geschenke – insbesondere Brandopfer – wollte Jesus durch einen gottgefälligen und nachhaltigen Lebenswandel, auch im zwischenmenschlichen Miteinander, ersetzen.

(2) Nach Jesu Verständnis darf auch dein ganzes Leben zu einem kompletten Gottes-Dienst werden. Und dabei hat er nicht an ein Leben im Kloster gedacht. Was macht diese Aussage mit dir?

(3) Das jüdisch-christliche Verständnis vom Tod Jesu kannst du in Jesaja 52,7–53,12 nachlesen oder im Brief an die Römer 3,22–24.

(4) Jesus hat als Mensch offensichtlich seinen Tod überwunden. Auch für dich ist demnach der Tod nicht das absolute Ende deiner Existenz. Entlastet dich diese Vorstellung von einer möglichen Angst, dass du und deine Besonderheiten nach deinem Tod in der Unendlichkeit der Zeiten verschwinden?

Und du?

In deinem Alltag folgt dem Ende der einen Lebensphase schließlich eine neue. Das bedeutet, dass du sicherlich ähnliche Phänomene in deinem Leben kennst: Dem definitiven Ende eines Lebensabschnitts folgt der Gefühls- und Verstehensprozess hinein in eine neue und ungewohnte Lebensphase. Bei dir ist etwas zu Ende gegangen, gestorben, unwiederbringlich vorbei, und du beginnst, dich neu auszurichten. Du orientierst dich um und integrierst den Verlust in dein Leben. Will heißen: Nach dem Aufräumen deines Arbeitsplatzes, dem Wegräumen der Prüfungsunterlagen, dem Beseitigen der Schlammmassen nach dem Hochwasser, dem Erkalten der Insel nach dem Vulkanausbruch und der Eindämmung des Virus am Ende einer Pandemie geht das Leben in eine neue Phase über. Die alte Normalität ist verloren, eine neue stellt sich langsam ein. Aus den Tiefen deines Alltags heraus lassen sich nun neue Höhen ersteigen. So kannst du aus dem Geschehen um Jesu Tod und seine neue Existenz immer wieder die Hoffnung ziehen, dass es auch bei dir irgendwie weitergehen wird. Und ganz wichtig: Du bist dabei nie allein.

– ohne Titel –

Wenn du magst, überlege dir im Zusammenhang mit der letzten Geschichte einen Titel.

9
Über das Wasser seiner Tränen

Der Innenhof war leer. Bunte Herbstblätter fegten über den beschaulichen Vierkanthof in einem Dorf nahe Taizé hinweg, verfingen sich in Ecken oder an Ästen, fielen zu Boden und warteten auf den nächsten Windstoß, um weiter geweht zu werden. Der Herbst war eingekehrt. Die Türen standen offen, als ob sie auf neue Gäste warteten. Doch die kamen nicht mehr, zumindest nicht in diesem Jahr, denn die Saison war vorüber, alle Programme waren beendet. Irgendwie schien der Hof aufzuatmen, kein Staub wurde mehr aufgewirbelt, kein Spielzeug, keine verlorenen Babyflaschen lagen mehr herum. Alles war ordentlich aufgeräumt, sauber, für das nächste Jahr vorbereitet. Ruhe, vielleicht Normalität wollten zurückkehren.

Benno blieb am Eingang des Hofes stehen und betrachtete die Szenerie, ließ die Situation auf sich wirken. Seine Gedanken bewegten sich zurück in die Vergangenheit, und plötzlich war der Hof wieder voller Kinder. Sie spielten, lachten, rannten durch die Gegend. Hier saßen einige Eltern auf Bierbänken im Schatten der Bäume und tauschten sich aus, dort lasen andere Bücher, schrieben Postkarten oder waren einfach nur da, ansprechbar.

In Gedanken suchte er seine Kinder. Die Kleine malte im Theaterzelt ein Bild, der Kleine spielte Fußball, die Große war irgendwohin verschwunden und der Große ohnehin im Jugendprogramm. „Wir sahen ihn immer nur kurz zum Abendbrot und beim Schlafen im

Zelt“, erinnerte sich Benno. Seine Vorstellung war so real, dass er lächeln musste. Bennos Erinnerung bereitete ihm Freude. Und sie machte ihn dankbar für eine wunderbare Zeit.

Dann war der Hof wieder leer, die Blätter spielten im Wind. Benno erreichte „seinen“ Baum, den Baum, an dem er sich immer mit seiner Familie getroffen hatte. Erst lehnte er sich an ihn an, doch dann hatte er das Bedürfnis, den Baum zu umarmen.

Plötzlich begann er heftig zu weinen. Es schüttelte ihn förmlich, Rotz und Tränen liefen über seine Wangen und sein Gesicht, benetzten den Baumstamm. Es wollte einfach nicht aufhören, und jedes Mal, wenn er in seinen Gedanken wieder die Stimmen der spielenden Kinder hörte, zog eine Welle der Trauer über ihn hinweg. Er ließ die Tränen einfach laufen – es war ja niemand da, vor dem er sich hätte schämen müssen.

Das Wasser seiner Tränen verband sich mit einem anderen Wasser, an das sich Benno erinnerte. Wasser, das seine kleine Tochter damals gemalt hatte. Ihr Bild hatte ein Schiff auf dem Meer gezeigt, daneben einen Menschen, der Jesus darstellen sollte.

„Jesus läuft über das Wasser“ war das Thema jenes Jahres und auch des Kinderprogramms gewesen. Die Kinder hatten diese Geschichte für die Eltern am Ende der Woche in einem kleinen angeleiteten Theaterstück nachgespielt.

Den Baum umarmend, begriff Benno langsam, dass bei ihm etwas zu Ende gegangen war. Er musste sein altes und bekanntes Boot, das ihm Sicherheit und Normalität versprach, verlassen. Es war für ihn leck geschlagen. An der Reling stehend, schaute er zurück auf die anderen Bootsinsassen, sah die Ausrüstung, die Vorräte. Benno sah das offene Gepäck der Erinnerungen und die immer wieder ausgebesserten Stellen. Aber das lange fahrtüchtige Boot war im Untergang begriffen, nichts konnte es noch retten. Ein Lebensabschnitt ging zu Ende.

Benno verstand, dass er nicht verzweifeln durfte, sondern mit dem Mut seiner Verzweiflung – vielleicht auch mit der Zuversicht eines Petrus – das für ihn sinkende Boot verlassen und sich über die Wasser seiner Tränen und seiner Sorgen wagen musste, um sich so letzten Endes zu retten. Eine klare Orientierung würde ihm Jesus sein. So stieg Benno im Vertrauen auf dessen Hilfe aus dem Boot aus, um seinen neuen Weg zu suchen. Vieles, sehr vieles musste er zurücklassen, einiges förmlich aus seinem Herzen herausreißen. Die Wogen der Wasser außerhalb des Bootes ließen erahnen, dass es nicht leicht werden würde, im Gegenteil. Und tatsächlich, immer wieder überflutete ihn später eine Welle, wollte ihn mit in die Tiefen einer bodenlosen Traurigkeit reißen. Oft brannten seine Augen vom Salz des Wassers, verlor er seine Orientierung, wurden ihm die Arme schwer. Benno drohte zu versinken – doch immer wieder rettete ihn eine helfende Hand vor dem Ertrinken. Und endlich konnte er sich in *seine* Arme fallen lassen, in die rettenden Arme Jesu.

Vertiefung und Weiterführung

(1) Wenn du neugierig bist, was zu Jesus und Petrus auf dem Wasser angesprochen wird, lies gerne in Psalm 18,5 und 15–17 sowie Psalm 69 oder auch Matthäus 14,22–32 nach.

(2) In der Geschichte fließen Vergangenheit und Gegenwart ineinander. Die eigenen Wurzeln, die individuelle Sozialisation oder Erfahrungen sind in Persönlichkeit, Handlungen und Vorstellungen vom eigenen Leben

ständig präsent. In der christlichen Lebensperspektive berührt zudem die Zukunft immer wieder die Gegenwart, woraus Kraft, Zuversicht und Hoffnung für den Alltag sowie eine Ahnung von dem erwachsen kann, was Christen vom Ende des eigenen Lebens oder der Welt zugesagt bekommen haben. Was Christen immer wieder erleben, hoffen und erwarten, ergibt sich im Zusammenspiel von Lukas 17,20 f., Matthäus 28, 20b, Johannes 14,2 und der Offenbarung des Johannes 21,1–7. Oder freue dich auf die letzte Geschichte in diesem Buch: „Das Ende".

10

Zu Hause bei unserem Vater

Es war der 20. Juli, und seine Reise nach Taizé, jenem ökumenischen Kloster in Frankreich, das für Joachim eine geistliche „Tankstelle“ und sein Kraftort zugleich war, stand kurz bevor. Schon morgen, am Sonntag in aller Frühe, sollte es losgehen. Jetzt, am Samstagabend, hatte er das Bedürfnis, in die Kirche zu gehen und sich einen Reisesegen schenken zu lassen. Leider kam er etwas zu spät, mitten im Gebet im ersten Drittel des Gottesdienstes betrat er die Kirche. „Aber besser zu spät als gar nicht“, dachte er sich.

Der 20. Juli: ein Tag vor dem fünfzigsten Jahrestag der Mondlandung eines Menschen, ein Tag vor dem Gedenktag an das Attentat auf Hitler durch Stauffenberg. Viele historische Themen lagen in der Luft, zum Greifen nahe. Doch das Thema des Gottesdienstes lautete „zu Hause“, die Schwere und historische Bedeutsamkeit des folgenden Tages wurden nicht angesprochen. Joachim empfand es als erholend, ohne die erwartete moralische Keule im Hier und Jetzt zu verbleiben: *zu Hause* – einfach nur da sein, sich setzen, aufatmen, man selbst sein, ohne zu wissen, was kommt, ohne zu planen. *Zu Hause* – in der Kirche, jenem Ort, wo sich jede und jeder wohlfühlen darf, wo einem gesagt wird: „Komm erst einmal an, setz' dich und ruh' dich aus.“ Im Blick auf die anstehende Fahrt nach Taizé passte Joachim dieses Thema wie bestellt.

Joachim sah, dass Günter, sein Vorgänger auf seiner Arbeitsstelle, auch da war, beim späteren Abendmahl standen sie sogar nebeneinander. Joachim empfand es als schöne Geste: Günter reichte ihm den Wanderkelch, Joachim ihm das Brot. Das Abendmahl war die tiefste Quelle seines Glaubens. Hier fühlte er sich Gott ganz nah. Joachim erlebte das Abendmahl stets kontemplativ, in sich gekehrt, schaute entweder auf ein Kreuz oder auf den Fußboden. Er genoss den Augenblick, fühlte Dankbarkeit, spürte das Eins-Sein mit Gott, sein Zusammensein mit anderen Christen wie in einer großen Familie; er fühlte sich präsent, dachte an Jesus und dass er trotz seiner Fehler als Kind Gottes angenommen ist – *zu Hause* eben.

Während man den mit Wein gefüllten Abendmahlkelch um den Altar kreisen ließ, schloss Joachim seine Augen, fokussierte sich auf das Jetzt, konzentrierte sich auf Gott und dankte ihm, dass er bei ihm sein durfte. Nebenbei vernahm er die leisen Zwischengespräche seiner Mitfeiernden. Einmal lächelte er einem Ehepaar zu, Herrn und Frau Schmitt, die sich über irgendetwas uneins waren. Vielleicht hatten sie bemerkt, dass die Elemente heute falsch ausgeteilt wurden, erst der Kelch, dann das Brot. Eigentlich bemerkte das kaum je einer. Frau Schmitt jedoch warf ihm einen empörten Blick zu, Joachim wusste aber nicht, warum. Vielleicht wegen der verkehrten Austeilung der Elemente, der kontroversen Einstellung ihres Ehemanns oder weil Joachim lächelte? Er schloss wieder die Augen, wartete, dass das Abendmahlsbrot zu ihm kam, blinzelte nur gelegentlich, um seinen Einsatz nicht zu verpassen. Und währenddessen geschah es. Mit geschlossenen Augen nahm Joachim wahr, dass jemand auf ihn zukam. Die Pfarrerin mit dem Brottablett, vermutete er. Im Talar kann man sich nicht geräuschlos bewegen, es raschelt wie zwei übereinandergelegte Blatt Papier. Joachim ließ die Augen geschlossen und wartete ab. Das Geräusch kam näher, wie ein leiser Wind, etwas Zartes, es war schwer zu beschreiben, und doch hörte Joachim es. Er blinzelte und wusste, die Pfarrerin war es nicht. Sie stand an einer anderen Stelle im Kreis.

Wieder schloss Joachim die Augen und spürte durch seine Kleidung hindurch, dass sich etwas auf ihn legte, und zwar von Kopf bis Fuß, von oben bis unten. Wie ein weicher Luftballon, der sich an ihn anschmiegte, sich sanft auf ihn legte. In diesem Moment war Joachim unfassbar glücklich, er fühlte sich frei, angenommen, ganz im Jetzt. Während sein Körper dieses Gefühl genoss, begann es wie wild in seinem Kopf zu arbeiten. Joachim wusste, dass die Wahrnehmung nicht aus seinem Inneren kam – er war sich ziemlich sicher, dass man das psychologisch hätte erklären können –, nein, er war sich sicher, dass sie von außen kam – es *kam* irgendwie *über ihn*. Und *es* war so groß, so unendlich groß, wie ein Megaballon. Gleichzeitig platze Joachim fast vor Glück und Freude und dachte: „Mehr geht nicht, mehr vertrage ich nicht!" Leider konnte Joachim diesem „Ballon" nicht entgegengehen, da war irgendeine Grenze. Er konnte keinen Schritt auf dieses *Es* zugehen, warum auch immer. Irgendwie blieb *es* nur an ihm haften. Joachim spürte die Berührung im Oberkörper, im Bereich seiner Brust. Dort, wo er seine positiven Gefühle erlebt, sie aber leider nicht gut speichern kann. Später, als er davon erzählte, bekam er immer wieder eine Ahnung davon. Auch sein Lächeln kam jedes Mal zurück. Dann entfernte sich der „Ballon", und zwar so, wie er gekommen war. Joachim interpretierte diese Berührung als weitere Gegenwart Gottes mitten im Abendmahl, als dessen unmittelbare und fühlbare Präsenz.

Die Worte „Christi Leib für dich gegeben" holten Joachim zurück aus seinem Erleben. Das Tablett mit dem frischen Brot kam zu ihm. Nach dem Friedensgruß der Feiernden und mit Gottes Segen, auch in der Kirche zu Hause sein zu dürfen, wurde das Abendmahl schließlich beendet. Das Erlebnis hat Joachim viel Standfestigkeit in seinem Glauben verliehen. Und er hat gefühlsmäßig verstanden, warum Jesus unseren Gott auch Vater nennt.

Vertiefung und Weiterführung

(1) Glaubst du, dass du Gott begegnet bist? Mehr dem Vater oder dem Sohn – oder spürst du Gottes Gegenwart in seinem Wirken, im Geist? Zu einer weiteren Gottesbegegnung lies gerne 1. Könige 19,1–18.

(2) Wenn du dich zum Abendmahl in der Bibel vertiefen magst, lies gerne Markus 14,22–25; Matthäus 26,26–29; Lukas 22,15–20 oder im 1. Brief an die Korinther 11,23–26.

11
Du bist das Wunder

Hey, da bist du nun, liegst oder sitzt beim Lesen dieses Textes, wurdest in diese Welt hineingeboren, ohne dein Zutun, ohne eine Wahl zu haben. Du lernst dich selbst im Laufe deines Lebens kennen, nimmst dich an, freust dich an deinen Stärken, schmunzelst oder ärgerst dich manchmal über deine Schwächen. Bisweilen leidest du unter dir selbst, würdest gerne dieses oder jenes können oder gerade eben nicht. Dich selbst anzunehmen und zu akzeptieren, bleibt ein lebenslanger Prozess. Du fährst eine Ernte ein von dem, was du geschenkt bekommen hast, was du nutzt und einsetzen darfst, aber nicht ausschließlich selbst gesät hast: deine Lebenszeit, die Früchte deiner Anlagen und Grundlagen, manchmal auch die gesellschaftlichen Rahmenbedingungen, in denen du leben darfst. Deine persönliche Ernte geht weit über das hinaus, worüber wir uns in allen Religionen seit vielen Tausend Jahren an speziellen Erntefesten freuen, nämlich über Früchte unserer Felder und Wälder, über unsere vollen Tische.

Als Jesus sein weniges Brot und den einen oder anderen Fisch teilte, sie sinnbildlich wie Samenkörner aussäte, um viele Tausend Menschen zu speisen, blieben nach der Sättigung der Anwesenden viele Körbe mit messbaren Nahrungsmitteln übrig. Das war eine unerwartete Ernte. Diese Erzählung ist als Speisungswunder in unser kollektives Gedächtnis eingegangen.

Vielleicht hat Jesus seine besondere Nähe zu Gott eingesetzt, um alle Mägen zu füllen und seine Ernte zu vervielfältigen. Er verfügte über Möglichkeiten, die über die Grenzen unseres Verstehens hinausgehen – nach biblischem Befund konnte Jesus ja auch direkt über Wasser laufen. Damit könntest du es bei dieser Geschichte bewenden lassen, wenn du willst: Es geht um die Allmacht Gottes auf Erden, um die besondere Vollmacht Jesu direkt bei uns.

(Schade ist nur, dass er nicht mehr so greifbar da ist und dieses Ereignis in den armen Ländern ständig wiederholen kann.)

Ich glaube aber, da ist noch mehr. Ich glaube, die Geschichte hat einen weiteren Schwerpunkt: Gottes Anwesenheit *macht etwas mit uns* – und zwar noch heute. Damals haben die Menschen ihre Herzen geöffnet und Jesus, Gottes Gegenwart und sein Wirken wahrgenommen und sich auf ihn eingelassen. Sie haben verstanden, worum es beim Miteinander geht: einander gut zu sein. Und sie beobachteten, wie Jesus sein weniges Brot teilte. Sie nahmen sich ihn zum Vorbild, sie öffneten und teilten ihre wenigen Reisevorräte und verhielten sich so, wie es zuvor kaum möglich erschien. Sie überwanden ihre inneren Grenzen, ihre Ängste und eng machende Vorstellungen, nicht genug zu haben. Sie vertrauten offensichtlich darauf, dass Gott sie weiterhin umsorgte und Jesus sie auf ihrem Heimweg nicht ohne Essen zurücklassen würde. Und am Ende hatten alle viel mehr als jemals zuvor, sei es an Essen, Gemeinschaft oder spirituellem Erleben. Dieses Umdenken, dieses Beschreiten neuer Wege ist ein – wenn nicht sogar *das* – wirkliche Wunder.

Wenn du magst, gelingt das auch dir. Werde selbst zu einem Wunder, indem du umdenkst und andere an deiner Ernte, an deinem Segen teilhaben lässt, sowohl in Worten als auch in Taten. Teile, säe sinnbildlich aus, was du hast, und du wirst sehen, als Sämann erntest du viel mehr als du gesät, manchmal sogar anderes als du erwartet hast. Lass dich überraschen.

Vertiefung und Weiterführung

(1) Hat dich diese Geschichte angesprochen? Hat sie dich oder etwas in dir berührt?

(2) Nimm gerne folgende Impulse auf:

- *Denke nicht nur an dich selbst.*
- *Überwinde deine inneren Grenzen und Ängste.*
- *Verhalte dich für andere vielleicht unerwartet, wundersam; siehe dazu den Brief an die Römer 12,2.*
- *Lass einfach neue Gedanken zu, ändere deine Gesinnung, wenn du magst.*

(3) Falls dich die Geschichte neugierig gemacht hat und du mehr über Jesus erfahren willst, lies gerne nach in Matthäus 13,1–9 oder Markus 8,1–9.

– ohne Titel –

Wenn du magst, überlege dir im Zusammenhang mit der letzten Geschichte einen Titel.

12

Lebe, du bist mein

Yasmin war eine junge Muslima, die eines Tages in eine Flüchtlingseinrichtung gebracht wurde. Eine Polizeistreife hatte sie gefunden, verdreckt, verweint, geschunden und hungrig. „Ich bin von zu Hause abgehauen“, sagte sie, „weil ich es nicht mehr ausgehalten habe.“ Sie habe sich zu Hause wie in einem Gefängnis gefühlt und Angst im Bürgerkrieg gehabt, zumal sie einer Minderheit angehörte. In ihren Schilderungen schimmerten ihre Gefühle immer wieder durch. Überdies stand Yasmin kurz vor einer Zwangsheirat mit einem ihr fremden Mann. Sie konnte kein eigenes Leben führen, sondern musste den starren und traditionellen Vorstellungen ihrer Familie entsprechen. Yasmin konnte sich nicht so entwickeln, wie es ihrer Persönlichkeit, ihren Fähigkeiten und den dazu gehörenden Möglichkeiten entsprach. Ihr bildliches Gefängnis zu Hause machte sie gleichsam zu einer lebenden Toten in einem System und einem Umfeld, dem sie lange nicht entfliehen konnte.

„Sei herzlich willkommen“, sagten die Sozialpädagoginnen. Stück für Stück gaben sie Yasmin ihre Würde wieder: Sie wurde neu eingekleidet und gesund gepflegt, lernte eine neue Sprache und konnte einen Weg der Integration in einem für sie zunächst fremden Land gehen. So begann sie, ihr Leben frei, ohne Angst und nach ihren eigenen Vorstellungen zu gestalten. Yasmin schrieb viele Jahre später folgende Zeilen: „Ihr habt mir in vielerlei Hinsicht mein Leben in eurem Land gerettet, das hoffentlich nun auch meines werden kann.

Zudem konnte ich einem Ehrenmord entgehen. Das ist der Preis, den manche Mädchen zahlen müssen, die ein selbstbestimmtes Leben führen wollen. Es ist der leibhaftige Tod. Der Tod für Mädchen, die nur ihre Freiheit wollen, um einfach ein glückliches Leben zu führen, ohne Gewalt, Schmerz, Unterdrückung und Vergewaltigungen durch einen nicht gewollten Ehemann. Erst bei euch habe ich ein sicheres Zuhause gehabt und konnte ein menschenwürdiges Leben führen. Ihr habt mich so lange begleitet, mir in meinen tiefsten Krisen beigestanden, bis ich auf eigenen Beinen stehen konnte. Dafür bin ich euch von Herzen dankbar. Ich konnte meine Träume erfüllen, sogar studieren, und ich habe ein Kind, dem ich das geben kann, was ich selbst nicht erfahren habe: Liebe, Zuneigung, Geborgenheit und ein sicheres Zuhause."

Gerührt lasen die Sozialpädagoginnen während einer Teamsitzung den Brief. Eine von ihnen sagte schließlich: „Was für ein toller Weg! Wir haben ihren Glauben an sich selbst, an ein eigenes Leben gestärkt. Wir konnten sie aus ihrer Starre ins Leben begleiten. Im tiefsten Sinne: *Gott sei Dank*, dass sie zu uns geführt wurde." Später fragte dieselbe Sozialpädagogin: „Wie erstarrt sind eigentlich wir selbst? Können wir von Yasmin etwas lernen?" Die Frage bewegte die Runde und wurde im Blick auf Yasmin weiter ausformuliert: „Wie erstarrt bin ich selbst im Alltag? In Aufgaben, die ich erfülle mittels eines mitunter systemkonformen, aber unreflektierten Verhaltens? Oder, was ist mit mir, wenn ich mit jemandem im Streit liege oder krank bin? Fühle ich mich dann noch so, dass ich am Leben teilhaben kann? Lass ich mich davon beherrschen, bin ich gefangen – in mir selbst? Muss ich mich arrangieren, mich auf ein Leben mit Konflikten, mit unheilbaren Krankheiten einstellen und es widerspruchslos annehmen? Oder kann ich trotzdem frei werden?“

Unerwartet nahm die Teamsitzung eine Wendung, das Gespräch wurde tiefer, intensiver. Das kam selten vor, weil die pädagogischen Alltagsthemen üblicherweise dominierten und es viel zu organisieren gab. Das Team spürte jedoch die Besonderheit dieses Moments und gab ihm Raum. Weitere Fragen kamen auf, die schließlich die Zusammenarbeit festigen und intensivieren sollten. So fragten sie sich: „Wie betrachtet jede von uns ihren Lebenslauf oder auch unsere Teamarbeit? Wie gehe ich mit Krisen um? Schaue ich dann zu sehr in die Vergangenheit und suche nach Gründen und Schuldigen für den aktuellen Zustand? Oder schaue ich in die Zukunft, um zu fragen, was ich daraus lernen kann, wozu mir Erlebnisse oder Leiden entgegenkommen? Suche ich nach Auswegen oder nach konstruktiven Lösungen? Oder bleibe ich erstarrt, wie tot, weil ich mich manchmal in mir selbst verfangen habe, in meinen Umständen, in den Meinungen anderer, die ich doch nicht beeinflussen kann? Oder nehme ich Gegebenheiten, die ich nicht ändern kann, einfach an und versuche, mich in die jeweilige Situation einzufinden?“

Eine Kollegin wies schließlich auf einen zusätzlichen Punkt hin, der alle im Team noch einmal in Erstaunen versetzte und zum weiteren Nachdenken anregte: „Das Leben ist ein Geben und ein Nehmen, es ist nicht vollkommen. Überlegt mal: So manche Probleme, die ausbremsen, bringen auch Vorteile mit sich, wenn sie bestehen bleiben. Deshalb werden diese Probleme lieber nicht gelöst – denn dann würden auch diese Vorteile verloren gehen. Außerdem müsste man dazu sich und sein Leben ändern. Das wollen viele überhaupt nicht." – Offensichtlich hatte Yasmin, die sich aus ihrer Erstarrung hatte lösen können, einiges angestoßen.

Der Brief von Yasmin endete wie folgt: „Ich bin übrigens nicht Christin geworden, auch wenn ich bei euch viel Liebe und Barmherzigkeit erfahren habe. Ihr habt einen tollen Jesus, der mir durch euch gesagt hat: ‚Steh auf und geh. Lass dich nicht kleinkriegen, versuche das dir Mögliche, befreie dich von deinen Fesseln und komm heraus aus deiner Dunkelheit.' Ich habe durch euch erlebt, dass ich meinen Mut nicht verlieren und schließlich nicht verzweifeln muss, denn da ist einer – Gott – der immer Ja zu mir sagt und mir zuruft: ‚Lebe, Yasmin, sei nicht wie tot, du bist mein. Lebe.'"

Vertiefung und Weiterführung

(1) Und du? Kennst du das Gefühl, wie gelähmt oder wie tot zu sein? Und wurdest auch du befreit? Oder steht dir das noch bevor?

(2) Wenn du neugierig geworden bist und mehr über Jesus erfahren möchtest, dann lies gerne nach in Markus 2,1–12; Lukas 5,17–25 oder Johannes 11,1–44.

– Das leere Grab –

13
Raum der Kirche – mehr als ein schnell geschlecktes Eis

Raffael kam zu früh zum Konzert. Er hatte nicht gewusst, ob er einen Parkplatz finden würde, und mochte nicht auf die letzte Minute kommen. Überdies brauchte Raffael Zeit zum Ankommen. Dass er allerdings so frühzeitig da sein würde, damit hatte er nicht gerechnet. Ihm blieb sogar Zeit für ein Eis, Schokolade und Nuss, wie er es immer gerne aß.

Die St.-Thomas-Kirche, in der das Konzert stattfinden sollte, lag in einem Stadtteil, der schon bessere Zeiten gesehen hatte. Wie die umstehenden Häuser auch, war die Kirche mit einer Schmutzschicht aus Ruß und bräunlichem Staub bedeckt. Er dachte: „Die Kirche liegt da wie ein vergessenes Möbelstück. Wie viele andere steht es in einer Ecke, leicht heruntergekommen, abgenutzt, gezeichnet vom Alter. Das gute, leicht verstaubte Stück scheint nur notdürftig gepflegt zu werden. Und doch gehört das Möbelstück zum Haushalt – genauso wie jede Kirche zum Stadtbild."

Raffael schaute auf sein Eis und dann auf die Kirche. „Mein Eis hat fast die gleiche Farbe wie die Kirchenfassade", sinnierte er und ließ seinen Blick über die lange Treppe bis zum Eingang schweifen. „Wäre ich kleiner, könnte ich nicht in das Kirchengebäude schauen. Und die Leute in der Kirche würden mich ebenfalls nicht sehen können." Dann kam ihm der Gedanke: „Das könnte man fast bildlich verstehen – das ist wie im Gemeindeleben! Die Kirchengemeinde sieht auch nicht immer, wer vor der eigenen Tür steht, dafür sind die Treppenstufen zu ihrem Eingang oft zu hoch."

Langsam stieg Raffael die lange Treppe hinauf, betrat die Kirche und kaufte sich eine Konzertkarte. Er hoffte, sein bevorstehender Konzertabend würde wie sein Eis sein: von außen unspektakulär, dafür in seiner inneren Qualität umso genussvoller.

Die Reaktionen auf das Konzert waren schließlich sehr gemischt. Zwar begeisterte die Musik nahezu alle Besucher – der Kirchenraum hingegen weniger. Eine der Musikerinnen klagte nach dem Konzert, diese Kirche sei so düster, dass sie die Konzertbesucher gar nicht habe sehen können. Mit sichtlicher Erleichterung verließ sie die Kirche.

Für Raffael war der Konzertabend dagegen wie das Eintauchen in eine andere Welt gewesen. Kaum hatte er das von außen so dunkle Kirchengebäude betreten, überflutete ihn im Inneren eine ungeahnte Farbenpracht: Die Sonne schien geradewegs durch die Kirchenfenster und ließ den Kirchenraum in zauberhafter Buntheit erstrahlen. Raffael versank förmlich in einem Farbenmeer: ein tiefes Gelb, ein warmes Rot, ein saftiges Grün, ein strahlendes Blau. Golden strahlte es aus mancher Ecke, es funkelte überall, als wollte der Himmel einen kleinen Eindruck auf Erden hinterlassen. Raffael tauchte in eine ungeahnte, fremde Welt ein, die längst nicht mehr alle wahrnehmen können – oder wollen. Er roch die Jahrhunderte, erahnte die Traditionen als Halt gebende Rufe aus der Geschichte in die Gegenwart, fühlte das spirituelle Geheimnis und entdeckte auf diese Weise einen Schutzraum der Stille, der Abstand hielt zum Gewöhnlichen, zum Maßlosen, zur Schnelligkeit und Ruhelosigkeit.

Unversehens empfand Raffael eine Distanz zu den Ungereimtheiten in der äußeren Welt, ihm erschloss sich eine mögliche Insel des Freiraums und des Wohlfühlens. Staunend dachte er: „Ja, die Architekten und Bauleute haben immer wieder unterschätzte Orte geschaffen, die zwar *in* dieser Welt, aber nicht *von* dieser Welt sind: Kraftorte für die Seele. Das düstere, leicht verstaubte Äußere wird abgelöst durch ein Inneres voll von lebendiger Leichtigkeit und Stille oder – wie heute Abend – durch einen Raum für die Musik, der von den Sorgen und Ängsten, von der Schwere des Alltags befreit." Raffael erkannte das Potenzial dieses Ortes, der Kirchenraum, der ihm guttat und ihm Kraft, Zuversicht und Hoffnung schenkte.

Mit leichtem Herzen kehrte er zurück nach Hause und dachte daran, wie viel mehr die Gemeinschaft der in der Kirche Versammelten sein könnte als die Summe der einzelnen Kirchenbesucher. Was da Neues entdeckt, erlebt und offenbar werden konnte? Auf jeden Fall viel mehr als ein schnell geschlecktes Eis.

Vertiefung und Weiterführung

(1) Und, hast du einmal versucht, den Raum einer Kirche zu spüren, in diesen einzutauchen und aus unterschiedlichen Perspektiven zu betrachten?

(2) Wie erlebst du die Kirchengemeinden in deiner Gegend?

(3) Kannst du mit deinem Potenzial in deiner Kirchengemeinde bei Bedarf ganz andere deiner Schätze im Alltag heben?

(4) In einem Kirchengebäude gibt es viel Unentdecktes – lies gerne in Johannes 14,17 nach. Auch gibt es selbst Gemeindemitglieder, die nicht immer in der ersten Reihe sitzen wollen. Das war bereits in biblischen

Zeiten so und ist heute nicht anders. Wenn dich das interessiert, lies gerne nach in Johannes 14, 17 oder Markus 12,41–43.

(5) Jesus geht auf die Menschen zu und fragt, was er ihnen Gutes tun kann. Wenn Dich das interessiert, lies gerne nach in Markus 10, 46–52; vergleichbare Geschichten finden sich in Matthäus 20,29–34 oder Lukas 18,35–43.

– Gottes Gegenwart und Wirken im Alltag –

14
Wege zum inneren Frieden

„Mein Ärger, meine Wut sitzt ganz tief da unten“, sagte Simone und zeigt auf die Region unterhalb ihres Magens. „Wie soll ich einem anderen, der mir wirklich Schlechtes angetan hat, wie soll ich dem auch noch zulächeln? ‚Das Böse mit Gutem überwinden‘, da hat es sich der Apostel Paulus aber sehr leicht gemacht. Ich jedenfalls kann das nicht so umsetzen. Meine schlechten Erfahrungen, mein Misstrauen sind nicht einfach wegzuwischen! Da ist so ein Mistkerl, der mir viel Böses wollte. Meine Wut ist riesig! Ich weiß überhaupt nicht, wie ich die loswerden soll.“ Und Simone fing an zu weinen. Da stand sie in ihrem Elend, und Christian konnte sie nur umarmen. Er konnte nichts sagen, aber das war auch nicht nötig.

Nachdem Simone sich langsam gefangen hatte, erzählte Christian von den Verletzungen, die er jahrelang mit sich herumgeschleppt hatte. „Ich war so wütend, und immer wieder kamen meine Verletzungen hoch, mal weniger, mal mehr.“ Simone nickte verstehend. „Weinen half“, fuhr er fort, „es entlastete mich, wusch mich innerlich sauber – erreichte aber nicht, dass ich meinen Schmerz vergaß oder dass endlich Gras über die Sache wachsen konnte. Es kam und kommt immer wieder hoch.“ Trotzdem, erzählte Christian, habe er eine Veränderung an sich beobachten können. Die Verletzungen hatten ihn in einer bestimmten Weise geformt. „Ich habe daraus gelernt und in gewissem Maße bin ich sogar stärker daraus hervorgegangen. Ich weiß nicht, ob das bei jeder oder jedem so ist, aber ohne die schlechten Erfahrungen wäre ich weder hier noch so, wie ich bin. Und gerade dafür bin ich dankbar.

Es entstand eine Pause. Simone sah Christian irritiert an und sagte mit unüberhörbarer Empörung: „Dann soll ich auch noch dankbar für die Verletzungen sein, die mir zugefügt wurden? Das geht mir zu weit! Das kann ich nicht. Da fallen mir ganz andere Handlungen ein.“ Christian hatte bereits geahnt, dass Simone seine Erfahrungen nicht sofort auch für sich würde annehmen können, und er konnte ihre Reaktion gut verstehen. „Mir ging es anfangs genauso wie ihr“, dachte er. „Aber ich will ihr wenigstens von meinem Weg erzählen, auch wenn der sicher nicht für alle gelten muss.“

„Mir geht es nicht darum, dankbar für Verletzungen zu sein, auf die ich gut und gerne verzichtet hätte“, wandte Christian ein. „So weit würde ich tatsächlich nicht gehen, das ist zu viel verlangt. Aber das, was ich jetzt bin, was ich kann und geschafft habe, das verdanke ich eben auch meinen schlechten Erfahrungen und Verletzungen. Dir geht es doch auch so, und deine Erfolge können sich sehen lassen. Was du schon alles gemeistert hast! Wenn du es zulässt, kannst du doch stolz auf dich sein.“ Christian konnte Simone ansehen, wie sie innerlich mit sich rang. „Es ist schwer“, sagte sie schließlich, „meinen Leidensweg so stehen zu lassen und für das Ergebnis, also mich selbst, so wie ich jetzt bin, dankbar zu sein. Ich weiß ja gar nicht, wie ich mich sonst entwickelt hätte. Und ich bin fast nachhaltig krank geworden.“ Christian nickte. „Dankbar sein ist vielleicht nicht immer möglich. Mag sein.“ Er zuckte mit den Achseln. „Aber, wenn du die positiven Folgen annehmen kannst, eröffnet dir das eine

Möglichkeit, dich zu versöhnen, heil zu werden und inneren Frieden zu finden".

Wieder trat eine Pause ein, diesmal etwas länger. Offenbar ließ Simone das Gesagte auf sich wirken. Schließlich durchbrach Christian die Stille. „Mir selbst ist das auch nicht immer gelungen. Ich habe es letzten Endes in Gottes Hand gelegt. Er ist für mich wie ein spiritueller Supervisor, mein geistlicher Vater. Mit ihm an meiner Seite fand ich Versöhnung und inneren Frieden – und das sogar, als die Person, die mir meine Verletzungen zugefügt hat, schon fünfzehn Jahre tot war. Ich hatte begriffen, dass der, der mich so sehr verletzt hat, seine eigene Geschichte hatte, dass er keine andere Lösung wusste, hilflos war oder sich seinerseits nicht aus seinen Zwängen lösen konnte. Nachdem ich das endlich verstanden hatte, habe ich an einer Abendmahlsfeier teilgenommen – mit ihm zusammen. Also, für mich war er jedenfalls anwesend, saß auf einem freien Stuhl neben mir … Ich kann das nicht genau erklären. Jedenfalls gingen wir beide Hand in Hand zum Altar. Als ich das Brot in Form der Hostie nahm und in den Wein tunkte, habe ich geweint. Nicht aus Traurigkeit, sondern weil ich mich mit ihm in Gott vereint und versöhnt fühlte. Dieses Gefühl, endlich Frieden gefunden zu haben, werde ich nicht vergessen."

Simone sagte nichts mehr. Zuerst hatte Christian die Befürchtung, dass er ihr zu nahegetreten war oder sie zu gequatscht hatte. Doch dann umarmte sie ihn mit Tränen in den Augen und ging ohne weitere Worte.

Vertiefung und Weiterführung

(1) Welche Verletzungen trägst du mit dir herum?

(2) Bist du bereit, Wege der Versöhnung, vielleicht sogar Heilung zu suchen?

(3) Wäre Simone ein Mann, könnte er wie Simone so von seinen Gefühlen erzählen? Was denkst du? Und wenn nein, warum nicht? Gewinnt er etwas, wenn er seine Erfahrungen nur mit sich ausmachen will?

(4) Interessiert dich, was Jesus zum inneren Frieden sagt? Dann lies gerne in Johannes 14,26 f.

(5) Oder möchtest du wissen, wie Christen die Worte und Taten Jesu auslegten und in unseren Alltag hinein formulierten? Dann lies im Brief an die Römer 12,21 oder im 1. Brief an die Korinther 3,17.

15

Es ist nie zu spät

„Die Frühlingssonne bricht durch, Blumen grüßen mit strahlenden Farben den Spaziergänger am Wegesrand und in den Gärten, die Kirschbäume blühen. Ja, lang war er, der Winter …" So könnte ein Osterbrief jedes Jahr beginnen, denn das Erwachen des Lebens spürt jede und jeder immer wieder in den eigenen Gliedern. Oder du nimmst es wahr, wenn du die aufkeimende Natur um dich herum beobachtest.

Erinnerst du dich noch? Es gab mal eine Zeit, in der du dich von diesem herrlich gewöhnlichen, sich jedes Jahr wiederholenden Anblick weit entfernt hattest. Die Natur regte sich zwar, aber Spaziergänge gab es nur zu zweit und mit großem Abstand, außer in der Familie. Umarmungen waren quasi verboten, Kirchen, Vereine, Cafés, Geschäfte geschlossen. Nur der Frühjahrsputz fand statt. Fest im Griff der Corona-Pandemie, wurdest du mit zuvor unbekannten Herausforderungen konfrontiert, die dich beruflich und privat an deine Grenzen brachten und dir Wunden zufügten. Sorgen, manchmal auch Ängste dominierten deinen Alltag. Diese Zeit mit allen ihren Einschränkungen und Entbehrungen traf unterschiedslos alle, und das in fast jedem Lebensbereich. Und erst da wurde deutlich, wie frei wir vorher alle wirklich gewesen sind.

Im Hinblick auf Ostern hieß es damals salopp: „Es wird Ostern und keiner geht hin." Es gab keine öffentlichen oder privaten Versammlungsmöglichkeiten. Selbst die Schokoladenosterhasen als

Fruchtbarkeits- und Frühjahrssymbol und die Ostereier als Sinnbild für Christi Tod und Auferstehung blieben als Ladenhüter liegen oder wurden schon vor den Ostertagen zu reduzierten Preisen verkauft. Damals war alles anders. Nichts war mehr, wie es üblich gewesen war. Der gute, alte Alltag ließ auf sich warten, und die Frage, wann alles wieder normal werden würde, war nicht zu beantworten.

Du hast etwas erlebt, das vor dir auch den Freunden Jesu widerfahren ist. Auch ihnen ist die Normalität weggebrochen. Auf den großen Jubel beim Einzug in Jerusalem folgten Verdruss, Verrat und schließlich der Tod Jesu. So war das Leben seiner Freunde von einem Tag auf den anderen völlig verändert. Es gab keine wunderbaren Erlebnisse mit Jesus mehr, keine wohltuenden Worte, keinen Jubel. Alles war fort und die bekannte Normalität gehörte plötzlich der Vergangenheit an. Die anfänglich erfolgreiche Verkündigung von der sich ausdehnenden Liebe Gottes schien am Kreuz festgenagelt zu bleiben, im Keim erstickt, tot. Von der großen Anhängerschaft war nur eine kleine, versprengte Gruppe übriggeblieben – doch gerade sie durfte schließlich zuversichtlich eine neue Normalität erleben.

Zurück zu dir: In dieser schwierigen Zeit damals mit dem Corona-Virus hat auch bei dir vieles ein jähes Ende gefunden. Und doch hast du dir fest vorgenommen, an ein Leben nach der Krise zu glauben; wie die Freunde Jesu wolltest du das Leid aushalten und das tiefe Tal der Trauer durchschreiten, wolltest manchen symbolischen Tod zulassen, auf jeden Fall aber überleben. Danach wolltest du vieles verändern, nach dem Ende der alten Normalität eine neue erleben. Du wolltest aus der Krise lernen und dich wieder über die

Frühlingssonne freuen, hast dir vorgenommen, achtsamer zu werden und das Kleine im Alltag und deine Familie mehr zu schätzen.

Die verbliebenen Freunde Jesu erhielten ihren Anstoß zu einer neuen Normalität von außen: Jesus selbst – in seinem unerforschlichen neuen Da-Sein – stand in der Tür und überraschte sie mit gänzlich neuen Erfahrungen.

Ebenso wie Jesu Freunde kannst auch du die neue Situation nach der Pandemie annehmen, musst jedoch die Schritte in eine neue Existenz selbst gehen. Jesu Freunde lernten, nicht stehen zu bleiben, sondern weiterzugehen, die Hoffnung nicht aufzugeben und sich auf den Vater zu verlassen. Also: Falls du noch nicht aufgebrochen bist, ... na dann, es ist nie zu spät!

Vertiefung und Weiterführung

(1) Hast du persönliche Krisen durchlebt? Wie bist du damit umgegangen?

(2) Hattest du Vorsätze oder Pläne für die Zeit danach? Was ist aus diesen geworden?

(3) Bist du auf deinem Weg? Wie hast du diesen gefunden?

(4) Wenn du neugierig geworden bist, wie Jesus mit Krisen umgeht und was er dir verspricht, lies gerne nach in Matthäus 11,28–30 und Markus 2,22.

(5) Falls du wissen möchtest, wie Jesus mit seinem neuen Da-Sein seinen Freunden begegnet, lies gerne in Lukas 24,1–49 oder Johannes 20 und 21.

– ohne Titel –

Wenn du magst, überlege dir im Zusammenhang mit der letzten Geschichte einen Titel.

16
Frieden Euch allen – Grüße aus Sarajevo

Die meisten Gäste waren bereits gegangen. Die einsetzende Dämmerung draußen ließ auch den fast leeren Raum immer dunkler werden. Zwar waren die Geräusche der Stadt zu hören, doch sie schienen weit entfernt. In dem Raum war es still. Jetzt waren sie nur noch zu dritt in dem Haus in der Straße mit einem für Sam schwer auszusprechenden Namen in Sarajevo. Rachel, Yüksel und Sam saßen an einem runden Tisch und ließen den Tag auf sich wirken. Sam ging in diesem Moment viel durch den Kopf. Er sah vor seinem inneren Auge die Einschusslöcher in den Häusern der Stadt, sah die vielen Grabsteine der getöteten Moslems, Christen und Juden: überall verteilt, nicht zentral, denn der Weg zum Friedhof hätte für die Trauernden selbst ein Weg in den Tod werden können. Überall sah man Ruinen oder zerschossene Häuserwände. Dann jedoch erschien in Sams Gedanken das Bild des bunten Marktes in der Altstadt, er erinnerte sich an den Gottesdienst am Vortag in der Moschee, und jetzt war er hier, am Schabbat in der Synagoge. Der jüdische Gottesdienst war vorüber, der Abend im jüdischen Gemeindezentrum offiziell beendet. Selbst die verschiedenen Argumente im interreligiösen Dialog waren ausgetauscht.

Die Situation war besonders: oben der Davidstern als schmiedeeisernes Gitter eines Fensters, unten die verschleierte Muslima Yüksel, eine einheimische und engagierte Studentin von der Universität, neben der jüdischen Gemeindeleiterin Rachel und Sam, dem evangelischen Christen. Alle drei saßen da und sogen die Atmosphäre ein, die Stille nach einer herzlichen und interreligiösen Begegnung im Herzen von Sarajevo, dieser von einem bitteren Religionskrieg gezeichneten Stadt.

„Frieden euch allen", brach es schließlich aus Sam hervor. „Wir haben Gemeinsamkeiten und Unterschiede unserer Religionen besprochen, unsere Argumente wie Waffen in einem Kampf aneinander gemessen. Doch es ist in dieser Stadt zu viel Blut geflossen, zu wenig Liebe zum Nächsten gelebt worden. Ich fühle mich ratlos, sogar hilflos. Die Suche nach Gott, Allah, Adonai, die Namen des Einen, die Liebe zum Ursprung und Ende allen Seins wurden auch hier allen Kindern Gottes gepredigt. Und das so lange, bis die Worte schließlich durch Grabsteine in Atemlosigkeit erstickt und mit Hass zugepflastert worden sind." Rachel brachte es auf den Punkt: „Vordergründig geht es immer um die Frage, wer die richtige Religion hat. Wer hat Recht und welche Religion vertritt die objektive Wahrheit? Uns Juden hat die Geschichte gelehrt, dass es tatsächlich und hintergründig stets um Macht ging und Religion dazu schlichtweg missbraucht worden ist." Weder Yüksel noch Sam widersprachen. Alle drei sahen sich an und Yüksel äußerte den Gedanken: „Wir leben zu kurz auf dieser Erde, um ausreichend Weisheit und Erkenntnis zu erhalten. Und jedes Kind muss von vorne beginnen zu verstehen."

So kamen sie überein, dass an diesem Abend die objektiven Antworten argumentativ nicht gefunden werden konnten. In Anbetracht des Todes ringsumher war zudem offensichtlich, dass entfesselte und den Tod bringende Waffen ebenfalls keine Lösung anbieten. „Verlassen wir uns auf Gott, der als Einziger die Antwort kennt", versuchte Rachel abzuschließen. Natürlich wünschte sich jede und jeder insgeheim, Gott in die Karten schauen zu können. „Vielleicht stellen wir im interreligiösen Zusammenleben einfach die falschen Fragen", meldete sich Sam nach einer kurzen Weile wieder zu Wort. „Ja, oder die Suche nach der richtigen Frage ist in Anbetracht der Vielfalt unseres Lebens ohnehin überflüssig?", ergänzte Yüksel. „Die Welt ist eben so, wie sie ist. Punkt. Ende der Debatte", sagte Rachel, allerdings mit einem kleinen Fragezeichen in ihrer Stimme.

Sie ließen, jede und jeder für sich, zunächst die Gedanken auf sich wirken. Doch es zeigte sich recht schnell, dass diese Ansätze niemanden zufriedenstellten. So formulierten sie weitere Fragen nach dem religiösen Zustand der Welt. Dabei hatten alle drei großen Respekt vor der Schöpfungsvielfalt. Und immer wieder dachten sie an die vielen sinnlosen Kriege. Das spornte sie zu neuen Formulierungen an, wobei niemand die Verschiedenheit der Menschen, der Kulturen und der Religionen übergehen wollte. Keiner und keinem kam es in den Sinn, einfach alles zusammenzuwürfeln und an diesem runden Tisch etwas völlig Neues zu kreieren.

„Frieden euch allen", knüpfte Yüksel an das Eingangswort von Sam an, denn auch sie wollte diesen Abend nicht in resignierter Ratlosigkeit beenden. Dafür war hier, in ihrer Stadt, zu viel Blut geflossen.

Der Abend war schon weit vorangeschritten. Rachel verstand Yüksels Not, wusste aber keine einfache, tröstende Antwort zu geben. So beließ sie es bei ihrer Einsicht: „Überlassen wir es dem Ende der Welt, lassen wir den Knoten jetzt bestehen und übergeben ihn in aller Bescheidenheit und Demut Gott selbst als alleinigem Maßstab." Einfach und nüchtern erkannte auch Sam, dass sie zwar global denken sollten, aber auf ihrer Suche und in der Hoffnung auf Gottes

Liebe und Barmherzigkeit nur einer wirklich wichtigen Frage nachgehen und diese auch beantworten konnten: „Wie gehen wir miteinander um?“ So trennten sie sich am späten Abend und versprachen beim Abschied, füreinander zu beten. Frieden euch allen.

Vertiefung und Weiterführung

(1) Wie gehst du mit Themen oder Herausforderungen um, die du nicht lösen kannst? Für die es keine Antworten gibt oder eben nur falsche, weil sie nicht zum erwünschten Ziel führen oder der Liebe Gottes widersprechen?

(2) Hast du Angst vor Unbekanntem? Wie gehst du damit um? Versuchst du, es kennenzulernen oder auf Distanz zu bleiben? Und was unternimmst du dann?

(3) Wenn du weiterführende Bibelstellen lesen magst, lies bitte in 1 Mose / Genesis 12,1 f. und 16; Jesaja 55,8–11; Brief an die Römer 9,1–8.14–16.

17
Du bist ein Segen für die Welt – von Fahrradreflektoren und vom Warten

Bewusst oder unbewusst, du kennst deine Fähigkeiten und deine Einzigartigkeit. Dich gibt es nur einmal auf dieser Welt. Und tief in dir kann sich verankern, dass du etwas Besonderes, ein besonderer Ausdruck der Liebe Gottes für diese Welt bist. Du weißt, was du gerne magst, was du kannst und was nicht. Nicht immer kannst du deine Fertigkeiten ausleben, etwa, weil sie gar nicht mehr oder nicht mehr so häufig nachgefragt werden: Zum Beispiel gibt es kaum noch Dampflokomotiven und immer weniger Schuster. Oder die Gesellschaft, in der du lebst, bietet dir nicht die Rahmenbedingungen, die du für deine Besonderheiten benötigst. So ist beispielsweise ein freies, uneingeschränktes, autarkes Leben im Wald heute kaum noch möglich.

Trotzdem bist du weitestgehend gesund oder, falls nicht, hoffentlich in guter Behandlung, hast du in aller Regel genug zu essen, ein Dach über dem Kopf, eine Schule besucht oder bist noch auf deinem Bildungsweg. Auch lebst du in einem gesicherten gesellschaftlichen Frieden, konntest vielleicht schnell gegen COVID-19 geimpft werden und bist – ungefragt – in ein Umfeld hineingeboren worden, in dem es dir sehr viel bessergeht als vielen anderen Menschen auf dieser Welt. Das alles sind Geschenke an dich, die du gerne nutzen darfst.

Jesus lädt dich ein, deinen Segen mit anderen zu teilen

Zunächst ist es wichtig zu betonen, dass Jesus keinen von uns verurteilt. Er lässt Besonderheiten zu und empfindet es nicht als verwerflich, wenn du reich oder an einem besonderen Ort geboren bist oder herausragende Fähigkeiten hast. Du musst dich nicht verstecken oder gar absichtlich schlechter stellen. Genieße es und ernte deine Früchte. Allerdings lädt Jesus dich dazu ein, verantwortlich mit den Geschenken und Früchten, die du aus der Liebe Gottes heraus erhalten hast, umzugehen. An dem Segen, den du empfangen hast, können auch andere teilhaben, sei es in deinem Umfeld oder in fernen – vor allem notleidenden – Ländern.

Vertiefung und Weiterführung

(1) Kennst du deine Besonderheiten?

(2) Tragen kann dich zum Beispiel folgende Bibelstelle: Jesaja 43,1.

(3) Vom Umgang mit Besonderheiten lies gerne Jesu Geschichten nach in Markus 10,46–52 oder Lukas 12,13–21.

(4) Kennst du deine Grenzen?

Die Bibel als Orientierungshilfe

Deine Einzigartigkeit und deine Fähigkeiten auszuleben und im Rahmen deiner jeweiligen Herausforderungen einzusetzen, ist manchmal leichter gesagt als getan. Trotz ihres Alters kann die Bibel dir dafür eine Orientierungshilfe anbieten. Jesus hat zu vielen Themen und Besonderheiten unter den damaligen Gegebenheiten Stellung bezogen. Denn schon damals gab es Verteilungsprobleme und solche im Umgang mit Reichtum. Es wurden Anfragen an

Macht, Eigennutz und Geld gestellt, auch wurde um den richtigen Weg vor Gott, die Zusammensetzung von Gesellschaften, um Werte und den Umgang miteinander gerungen. Viele Themen wurden im Alltag zunächst an religiösen Gesetzen, später durch Jesus an der Liebe Gottes konkretisiert und schließlich an seinen Handlungen ausgerichtet. Insoweit haben viele Geschichten von Jesus auch heute kaum an Aktualität eingebüßt. Sie sind nach wie vor Orientierungshilfen, sie können dir ein Vorbild sein oder Fragen wie „Wie soll ich meine Besonderheit einbringen, wie soll das denn gehen?" beantworten.

Vertiefung und Weiterführung

Bei Interesse lies gerne nach in Matthäus 12,9–14; Markus 10,13–16; Lukas 19,11–27 oder Johannes 8.

Die Bibel kann nicht alle aktuellen Fragen direkt beantworten – von Fahrradreflektoren

Viele Themen von heute waren zu biblischen Zeiten nicht bekannt. Es gab keine Autos, kein Internet, keine elektrischen Maschinen, es wurde nicht wie heute geraucht – von den Herausforderungen rund um den Klimaschutz ganz zu schweigen. Auch kannte Jesus keine ausdifferenzierten wissenschaftlichen Gebiete, kannte wahrscheinlich die Erde nicht als Kugel, wusste weder etwas von Qualitätsmanagement, Saxophonen noch hatte er je Tomaten, Kartoffeln oder Tulpen gesehen. Die Gesellschaften haben sich bis heute eben enorm weiterentwickelt und global ausgetauscht und werden das auch weiterhin tun. Und dennoch können die Texte der Bibel dir Orientierungshilfen bieten. Wie das möglich ist, kann dir – so verwunderlich das auch klingen mag – ein Fahrradreflektor verdeutlichen:

Wenn du einen Fahrradreflektor aufmerksam betrachtest, siehst du, dass dieser aus vielen einzelnen mehreckigen Zellen besteht. Die Summe der Zellen ergeben oberflächlich den ganzen Reflektor. Wenn du die Oberfläche ganz nah an dein Auge heranführst, kannst du durch die Zellen hindurchschauen. Dahinter erkennst du ein einziges und von außen nicht sichtbares, aber sehr großes und neues Muster, wie ein Schatten – in der Regel ein Vieleck. Dieses ist größer als eine einzelne Zelle an der Oberfläche, wird vom Fahrradreflektor aber nicht ganz abdeckt. Dieses Hintergrundmuster findet sich quasi in jeder kleinen Zelle an der Oberfläche wieder.

So ähnlich ist es mit der Bibel, die vordergründig ebenfalls aus vielen einzelnen „Zellen" – sprich: Büchern – besteht. Wenn du dich häufiger mit der Bibel beschäftigst, kannst du ihre Botschaft – ihr Schlüsselmuster – zwischen den Zeilen entdecken: die gelebte Beziehung Gottes zu allen Geschöpfen, zu dir und zu seinem ganzen Planeten. Insbesondere seine unbegreifliche Liebe hat er uns im Laufe der Geschichte immer und immer wieder in unterschiedlichen historischen Situationen durch besondere Menschen, durch Propheten und schließlich verschmolzen in Jesus dargelegt und erklärt. Es geht immer um die Liebe Gottes, die du empfangen hast. Aus dieser hast du deine Besonderheiten erhalten, aus dieser Liebe kannst du in allen Lebenslagen schöpfen. Schließlich darfst du diese Liebe weitergeben. Denn auch du bist ein Segen für diese Welt.

Vertiefung und Weiterführung

„Trau dich" ist manchmal einfacher gesagt als getan. Aber lies gerne in der Bibel nach, wo Menschen – trotz ihrer Bedenken – aufgebrochen sind und von kraftgebenden Zusagen Gottes geleitet wurden, so zum Beispiel in 1 Mose / Genesis 12,2; Josua 1,9 oder lies von der Liebe Gottes im 1. Brief des Johannes 4,7–21.

Auf Antworten warten

Also, wenn es dir einmal schwerfallen sollte, eine Antwort auf den Umgang mit deinen Besonderheiten zu finden, wenn du vergeblich im Internet suchst und keine Bibel zur Hand hast, dann halte inne, konzentriere dich auf einen Fahrradreflektor, blicke hindurch auf das große Muster hinter der Oberfläche und überlege, was Jesus als Ausdruck der Liebe Gottes gesagt hat oder getan hätte. Vielleicht richtest du dabei deine Frage an Gott in seinen verschiedenen Da-Seins-Weisen als Vater, Jesus oder Geist Gottes? Warte auf jeden Fall auf eine persönliche Antwort. Sie kommt bestimmt, auch wenn es mehrere Tage dauern kann. Du erhältst sie, und zwar so, dass du sie verstehen wirst, unabhängig davon, wie sie erfolgt.

Vertiefung und Weiterführung

(1) Mit welchem besonderen Segen bist du beschenkt worden?

(2) Wie gehst du damit um und woran orientierst du dich?

(3) Hast du schon einmal Antworten von Gott erhalten? Auf welche Art und Weise sind sie erfolgt? Und hast du sie so erwartet?

(4) Bist du neugierig, was die Bibel zu Antworten erzählt, dann lies gerne von Philippus in der Apostelgeschichte 8,26–40.

18
Solidarität mit Gott im Alltag

Ein gewöhnlicher Tag im Jugendschutz für Mädchen

Die Nachtschicht ist vorüber, die morgendliche Übergabe auf die nächste Schichtkollegin läuft. Ein Schrei zerreißt die Luft, darauf folgt ein Knall. Die vierzehnjährige Sarah dreht durch und versucht, in einem Wutanfall eine Tür einzutreten. Am Tag zuvor hat die Polizei sie in einem desolaten Zustand auf der Straße aufgegriffen und in die Jugendschutzstelle gebracht. Hier hat Sarah sich zunächst satt gegessen, ihre stark zerbissene Kopfhaut wurde gepflegt, die Läuse ausgekämmt, und am Abend suchte sie sich mit ihrer Betreuerin frische Kleidung aus. Doch jetzt liegt sie weinend auf dem Boden und umklammert mit beiden Händen ihren rechten Fuß. Die jungen Frauen, die sich ihr nähern wollen, wehrt sie ab. Einzig ihre Betreuerin kann Sarah ansprechen und in einem langen Gespräch langsam beruhigen.

Die Einladung zur Liebe

„Du sollst den Herrn, deinen Gott, lieben von ganzem Herzen, von ganzer Seele, von ganzem Gemüt und von allen deinen Kräften. Das andere ist dies: Liebe deinen Nächsten wie dich selbst." Das ist die Kernbotschaft Jesu, die Zusammenfassung all seines Handelns und Redens. Nahezu alle Geschichten über ihn sind ein Ausdruck dieses Kernsatzes.

Vertiefung und Weiterführung

Hier findest du die dazu gehörende Bibelstelle: Markus 12,28–34.

Sarah: Die Einladung, Gott zu lieben

Würde Jesus Sarahs Geschichte unmittelbar miterleben, würde er zu den Helferinnenwohl sagen: „Kommt her, ihr Gesegneten meines Vaters. Sarah ist hungrig gewesen und ihr habt ihr zu essen gegeben. Sarah ist durstig gewesen und ihr habt ihr zu trinken gegeben. Sarah ist eine Fremde gewesen und ihr habt sie aufgenommen. Sarah ist nackt gewesen und ihr habt sie gekleidet. Sarah ist krank gewesen und ihr habt sie gepflegt." Und er würde abschließen mit den Worten: „Wahrlich, ich sage euch: Was ihr getan habt dieser meiner geringsten Schwester Sarah, das habt ihr mir getan." Jesus identifiziert sich mit den Notleidenden, hier insbesondere mit Sarah. Deine Liebe zu Gott kann sich neben der Suche nach eigenen Antworten und Ausdrucksformen auch in der Hinwendung zu Bedürftigen wie Sarah äußern.

Vertiefung und Weiterführung

Wenn es dich interessiert, auf welcher biblischen Basis Sarahs Geschichte mit den Worten Jesu verbunden wurde, lies gerne nach in Matthäus 25,31–46.

Sarah: Die Einladung, den Nächsten zu lieben

Sarah als bedürftige Nächste wird in der Jugendschutzstelle aufgenommen und so versorgt, wie sie es in jenem Moment und für ihre weitere Entwicklung benötigt. Die Hilfe für Sarah besteht in der

Aufnahme in der Not, der Gesundheitspflege, der Essensgabe, der Einkleidung und den weiteren Zuwendungen. Sehr viele Menschen finden in der praktischen Nächstenliebe ein erfüllendes Berufsleben.

Vertiefung und Weiterführung

Wie Bedürftigen geholfen und wie sie versorgt wurden, erfährst du auch in Lukas 10,25–37.

Die Hilfe für Sarah ist Solidarität mit Gott im Alltag

Die Liebe zu Gott und die Nächstenliebe werden in der praktischen Umsetzung im Alltag oft aufeinander bezogen, sie sind durch ein inneres Band verbunden. Die Hilfe für Sarah ist an Jesus, an Gott erfolgt. Die Hilfe ist somit Ausdruck der Liebe zu Gott und gleichzeitig eine Form der Nächstenliebe. Beides ist Solidarität mit Gott im Alltag.

Und wie sieht es bei dir im Alltag aus? Lass dich anrühren

Kennst du ähnliche Erfahrungen? Was beobachtest du bei anderen? Der eine kümmert sich um Obdachlose, die andere hat ein offenes Herz für Flüchtlinge und setzt sich dafür ein, dass sie nicht im Meer ertrinken. Die Sorge um ein behütetes Aufwachsen von Kindern, die einfache Zuwendung im Alltag, das Zuhören bei Senioren, das Aufmerksam-Sein auf der Straße oder in der Nachbarschaft gehören als Ausdruck der gelebten und weitergegebenen Liebe Gottes genauso zur gelebten Liebe, zur Solidarität mit Gott im Alltag wie das Engagement für das Wohl von Tieren oder das Pflanzen von Bäumen. Lass dich in deinem Herzen ansprechen. Es gibt so viele Möglichkeiten, Gott anzutreffen, deine Liebe zu Gott zu äußern und solidarisch mit ihm in der Hinwendung zum Nächsten zu sein. Du findest bestimmt eine Möglichkeit, die zu dir und deinem Leben, deinen Neigungen und Fähigkeiten passt.

Apropos „wie dich selbst“ – ein Maßstab für Nächstenliebe?

Betrachte Jesu Aufforderung „Liebe deinen Nächsten wie dich selbst“ doch einmal ganz praktisch. Von der wichtigen Eigenliebe zu dir ganz abgesehen, versuche einmal, dich in Sarahs Lage zu versetzen. Überlege, was du dir in ihrer Situation wünschen würdest. Was würdest du von einer Helferin oder einem Helfer erwarten? Falls dir das zu theoretisch ist, hilft dir vielleicht folgende Anekdote: Als ich einmal Weihnachtspakete für Osteuropa packen wollte, dachte ich an „möglichst billig, möglichst viel“. Die Schokolade, zu der ich griff, hätte ich jedoch für mich selbst niemals gekauft. Doch plötzlich hielt ich inne. „Liebe deinen Nächsten wie dich selbst.“ Ich verstand. Ich legte die billige Schokolade zurück und verschickte stattdessen meine teure Lieblingsschokolade. Ist nun alles klar?

Vertiefung und Weiterführung

Du kennst sie gewiss, die sogenannte Goldene Regel. Sie steht auch in Lukas 6,31.

– ohne Titel –

Wenn du magst, überlege dir im Zusammenhang mit der letzten Geschichte einen Titel.

19

Sunny oder Vom Segen, ein 24/7 Christ zu sein

Als Sunny zu Thomas hinübersieht, nimmt dieser deutlich den Schleier in ihren Augen wahr. Sie kann nicht mehr gut sehen. Hören kann sie ohnehin kaum noch. Thomas weiß tatsächlich nie, ob es die Sturheit des Alters oder ihre Taubheit ist, wenn sie nicht gehorcht. Letzten Endes spielt es auch keine Rolle, es kommt auf dasselbe hinaus. „Sie ist eine treue Seele, ein wunderbares Geschöpf Gottes. So einfühlsam meinen eigenen Gefühlslagen gegenüber“, denkt Thomas und errechnet ihr Hundealter, umgerechnet müssen es wohl um die 105 Menschenjahre sein. „Was für ein stolzes Alter“, staunt er. Sunny und Thomas sehen sich an. Sie liegt vor ihrem Körbchen, spitzt die Ohren. Thomas betrachtet ihr Fell, das er noch viel dunkler kennt, bemerkt ihre Knochen, die sichtbarer sind als früher. Eine Arthrose plagt sie, und das schon sehr lange. Große Spaziergänge sind ohne Medikamente nicht mehr möglich. Ein Hundekinderwagen hilft, sie an die frische Luft zu bringen. Sie soll damit einen würdigen Lebensabend geschenkt bekommen.

Beklagen tut sich Sunny nie oder zumindest nicht so, dass Thomas es wahrnehmen könnte. Ob sie gerne jünger sein wollte, kann er nicht sagen. Thomas glaubt das nicht, da Hunde ihr Schicksal wohl eher annehmen als menschliche Zeitgenossen. Manchmal träumt Sunny offensichtlich vom Rennen und bewegt ihre Beine im Schlaf. Ja, sie ist langsamer als früher und beschnüffelt alle bekannten Ecken, als sei es das letzte Mal. Gerne hätte Thomas sich mit ihr unterhalten, ihre Sicht auf die Dinge um sie herum erfahren oder sich über Erlebnisse mit ihr ausgetauscht. Doch da das nicht möglich ist, kommunizieren sie auf ihre eigene Weise, ohne Worte. Sie kuscheln lieber und lassen es beide so gut sein, wie es ist. Bevor Thomas das Zimmer verlässt, streichelt er Sunny noch an ihrer Lieblingsstelle. Sie bleibt liegen und sieht ihm nach.

Uneingeschränkt treu ist nur Gott

„Hunde hinterfragen nichts", kommt es Thomas in den Sinn, „sie leben in ihrem Rudel, orientieren sich in erster Linie an dem, der sie versorgt, der den Ton angibt oder sich um sie kümmert. Und sie sind treu bis zum Umfallen." Das berührt Thomas immer wieder, denn so treu ist er Gott gegenüber nicht. Er denkt bestimmt zu viel an sich selbst, ist von seinen Maßstäben überzeugt oder hängt im Alltag an vermeintlich wichtigeren Themen. Offen gesagt glaubt Thomas, dass Gott ihm gegenüber treuer ist, als Thomas es ihm gegenüber jemals war. „Von Sunny", schließt er diesen Gedanken ab, „kann ich viel lernen."

Thomas' Anker ist seine Taufe

Sunny wurde Gottes Segen durch ihr Dasein geschenkt – so wie allen Geschöpfen. Sie macht sicher Fehler und durchlebt Lernprozesse, wird sich in der Regel aber nie gegen ihr Rudel oder gegen das von ihr anerkannte Leittier entscheiden und ihre Umgebung verlassen. Thomas dagegen kann das durchaus. Jeden Tag hat er die Möglichkeit, sich gegen Gott, anders oder neu zu entscheiden. Als Geschöpf hat Thomas den gleichen Segen erhalten wie Sunny. In seiner Taufe hat er Gottes Segen noch einmal bestätigt bekommen.

Das ist wie eine wiederholte Einladung, mit Gottes Geist ein Leben zu führen, wie Jesus es uns vorgelebt hat. Insbesondere die Taufe ist eine klare Zusage, stets mit offenen Armen empfangen zu werden, wenn sich Thomas im Wirrwarr der Zeit und Beziehungen verloren, sich in seinen Umständen verlaufen oder sich wieder einmal gegen Gott entschieden hat. Vor Gott darf er „er selbst“ sein, seine Wege überdenken, Fehltritte zugeben und als Glaubender erneut und frei beginnen. Offensichtlich hat Thomas das immer wieder nötig, und er ist froh, durch seine Taufe an Gott festhalten zu können. Das gibt ihm Stabilität und Orientierung. Die Taufe ist bei Höhen und Tiefen in seinem Alltag und in seinen Beziehungsgeflechten wie ein Anker, der ihn sicher in Gottes Hafen ruhen lässt.

Vertiefung und Weiterführung

(1) Heute lebst du weitgehend selbstständig, entscheidest in der Regel für dich selbst und fühlst dich meistens unabhängig. Zudem lebst du im Alltag in Beziehungen und Begegnungen. Hier brauchst du auch dein „Rudel“ wegen bestehender Arbeitsteilungen. Du kannst nicht allein leben und bist im gewissen Sinne abhängig von anderen. Ausgang all deiner Beziehungen und das Erleben deines Gegenübers ist Liebe in ihren unterschiedlichen Formen. Damit wird deine Verbindung zu Gott in seinen verschiedenen Da-Seins-Formen stets lebendig gehalten.

(2) Über allem steht der Leitbibelvers dieses Buches aus dem 1. Brief an Johannes 4,16b: „Gott ist Liebe und wer in der Liebe bleibt, der bleibt in Gott und Gott in ihm.“

(3) Bist du neugierig, was die Bibel zur Taufe sagt? Dann lies gerne in Matthäus 3,1–6 und 28,19; Brief an die Römer 6 und 3,21–24 oder Kolosser 2,12.

24/7 Christ sein – ein Segen für Thomas

Dann denkt Thomas wieder an Sunny. Sie bleibt immer eine Hündin, will offensichtlich nichts Anderes ausleben. Ihr Leben erscheint ihm genügsamer, manchmal einfacher und mehr an den eigenen biologischen Bedürfnissen ausgerichtet zu sein als sein eigenes. Als biologische Lebewesen gibt es Überschneidungen in beiden Lebensformen, aber als Einkäufer, Arbeitnehmer, Kinobesucher, Teilnehmer an demokratischen Wahlen, Urlauber, ewiges Kind der eigenen Eltern erkennt Thomas sein Dasein als komplexer an als das von Sunny. So viele Rollen darf er ausüben, so viele, manchmal zu viele Entscheidungen treffen und Verantwortung für sich und seine Umwelt übernehmen. Treue gegenüber Gott und eine klare Ausrichtung darf Thomas allerdings immer wieder einüben. Da hat es Sunny einfacher. Thomas schließt seine Überlegungen dankbar mit dem Gedanken ab: „Was für ein Segen, 24 Stunden, sieben Tage die Woche, mein ganzes Leben lang als Christ ständig in Gott geborgen sein zu dürfen. Zur Unterstützung werden mir Orientierungen und Gebete angeboten, um meine eigene Freiheit zu gestalten, mir treu zu bleiben und verantwortlich vor mir und Gott leben zu können – und vor allem: immer wieder zu Gott zurückfinden zu dürfen. Ja, was für ein besonderes Lebensgefühl, trotz der eigenen Freiheit nicht allein zu sein, immer wieder Trost im Leid und in Freude Geborgenheit zu finden, manchmal geheilt zu werden und zur eigenen Lebensführung immer gesegnet zu sein."

Vertiefung und Weiterführung

(1) Was sagst du in diesem Zusammenhang zu den Bibelstellen Brief an die Römer 12,1 f. und 2. Brief an die Korinther 5,17?

(2) 24/7 ein Christ zu sein – liest sich das leicht oder schwer für dich? Du darfst deinen eigenen Weg finden. Vielleicht kannst du die Beziehung zu Gott als Lebensgestaltung betrachten, um dir selbst im Alltag und schließlich ihm treu zu bleiben. Oft beginnen Suchende, auch nach Schicksalsschlägen, einfach nur mit einem Gebet, dem Vaterunser.

(3) Sicher spürst du Gott nicht immer, brauchst ihn vielleicht nicht, um dich frei zu fühlen. Mag sein. Solltest du irgendwann jedoch auf der Suche sein, ist es nicht schwer, ihn zu finden. Versuche einfach, einen Tag lang nur die Wahrheit zu sagen. Damit stellst du schnell Kontakt zu ihm her.

(4) Anleitungen zum Miteinander erhältst du übrigens in 2 Mose / Exodus 20,1–17; Matthäus 5–7; Markus 10,13–16 oder in den Katechismen der einzelnen Konfessionen.

– Ecco homo –

20
Die Einladung umzudenken erfolgt täglich – der Geist Gottes

League of Legends – eine Chance zum Reifen im 21. Jahrhundert

Sie kämpfen miteinander um den sogenannten Nexus, wollen zerstören und sich auf dem Weg zum Ziel möglichst gegenseitig schwächen, am besten töten, und nebenbei viel Gold einsammeln, um stärkere Waffen zu kaufen.

Trotzdem:

In dem beliebten Computerspiel *League of Legends* gewinnt der Raffiniertere, suchen die Spieler in Mannschaften gemeinsame Strategien und haben unterschiedliche Stärken, die sich ergänzen. Sie machen Fehler und dürfen neu anfangen, sie sterben und werden trotzdem zum Leben erweckt. Immer und immer wieder versuchen sie, ihr gemeinsames Ziel zu erreichen. Sie erleben gemeinsame Abenteuer, bestehen Herausforderungen, sind sich einig im Erreichen ihres Ziels. Wie im Schachspiel, wie im Fußball sprechen die Spieler nur die Sprache des Spiels. Die Spieler entstammen nicht
einer Nation, sprechen nicht dieselbe Muttersprache, sie spielen global. Sie messen sich aneinander, spielen aber miteinander. Ohne Unterschiede zu betonen, ohne Abgrenzung, ohne zerstörende

Abwertung der Spieler, verbringen sie Zeit zusammen. Vereint im Spiel, in gegenseitiger Wertschätzung, Achtung und Akzeptanz. Ohne die Gefahr der Spielsucht zu minimieren, ohne Gewalt in jeglicher Form grundsätzlich als richtig und gut zu bewerten oder als Mittel zum Zweck zu befürworten, eröffnet *League of Legends* unter den Bedingungen des 21. Jahrhunderts durchaus die Möglichkeit, die Regeln des Miteinanders neu einzuüben. Das erinnert an alte Zeiten, als die Liebe Gottes in Jesus greifbar und erlebbar gewesen ist. Ein besonderer Aufbruch lag in der Luft: das Abenteuer der Liebe, des konstruktiven Miteinanders statt eines ständigen Gegeneinanders. Das Abenteuer des befreiten Glaubens für eine friedvolle Welt.

Die Einladung Gottes steht: Der Geist Gottes weht immer wieder durch die Straßen und bietet jeden Tag an, positive und wertschätzende, konstruktive und gemeinschaftsfördernde Erfahrungen auch in anderen Lebensbereichen anzuwenden.

Vertiefung und Weiterführung

Bist du interessiert am Neubeginn der Freunde Jesu nach dessen Tod und neuem Da-Sein? Dann lies gerne in der Apostelgeschichte 2,1 ff.

Das Evangelium der Postmoderne – eine Chance, den Schatz deines Herzens zu entdecken

Der Redner richtete das Wort an die Versammelten. Er zitierte aus seiner Schrift der guten Botschaft der Postmoderne:

„Am Anfang war das Geld und das Geld war bei Gott.

Und Gott war das Geld.

Alle Dinge sind durch dasselbe gemacht

und ohne dasselbe ist nichts gemacht, was gemacht ist.

Im Geld war das Leben und das Leben war das Licht der Menschen.

Und das Licht scheint in der Finsternis und die Finsternis hat es ergriffen."

Dann öffnete er seine Geldbörse und gab jedem Teilnehmenden einen Geldschein. Diese schlossen die Augen und aßen den Schein. Erneut sprach der Redner: „Vereint im Geld, unserem geschaffenen Gott, trinken wir, was uns und unsere Gemeinschaft stärkt, um das Geld zu mehren." Sie nahmen den Kelch mit dem symbolischen Getränk entgegen, tranken und gaben sich zum Abschluss machtvoll die Hände zum gegenseitigen Gruß: „Der Zweck heiligt die Mittel."

Trotzdem:

Die Einladung Gottes steht. Der Geist Gottes weht immer wieder durch die Straßen. Er bietet jeden Tag an, Grundlagen von Gemeinschaften zu überdenken. Er bietet auch dir an, umzudenken und jederzeit neu anzufangen. Habe ein offenes Herz, entdecke den Schatz in dir, der dich den Weg der Liebe Gottes einschlagen lässt.

Vertiefung und Weiterführung

(1) Haben die Menschen sich im Laufe der Jahrtausende wirklich so verändert? Lies gerne nach in 2 Mose / Exodus 32 oder Jesaja 44,12–16.

(2) Die Originalvorlagen mit dem richtigen Textinhalt stehen in Johannes 1,1 ff.; Matthäus 6,19–21 und 1. Brief an die Korinther 11,23–26. Was fällt dir auf?

So sind viele Wellensittiche – ein Ausschnitt

Wellensittich 1 war ein hübscher Vogel. Das wusste er auch. Gerne wurde er von seinem Besitzer vorgezeigt. Dann saß er stolz auf der obersten Stange, wetzte seinen Schnabel an einem Stein oder schaute in den Spiegel und redete mit sich selbst.

Wellensittich 2 liebte seine Kornstangen. Inzwischen war er so dick, dass er die oberste Stange nicht mehr erklimmen konnte. Doch er beobachtete gerne von seiner untersten Stange seine Besitzer, vor allem an Weihnachten. Nach so manchem lautstarken Moment saßen sie an einem Tisch vor einem Baum voller Kerzen. Unter dem Baum stand ein Teller mit würzig duftenden Plätzchen, von denen er immer wieder einen Krümel zugesteckt bekam. Daneben stand ein kleines Holzhaus mit einem Ochsen und einem Esel, der Rest war kaum zu erkennen. Wellensittich 2 freute sich auf seinen nächsten Keks.

Wellensittich 3 hatte immer etwas zu meckern. Er konnte sich immer über irgendetwas aufregen und herummäkeln. Und wenn er nichts zum Nörgeln fand, ärgerte er sich darüber, dass es nichts zu meckern gab. Im Grunde war er ein außergewöhnlicher Vogel, denn tief im Herzen wusste er noch, dass der Käfig, in dem er saß, nicht sein richtiges Zuhause war. Er hatte noch eine Ahnung von alten Zeiten, weiten Flügen, von großen Bäumen, lebhaften Schwärmen, viel Regen und frischer Luft. Aber die Zeit trübte seine Erinnerung wie ein Nebel. Diese schwinden zu fühlen, machte ihn wütend. Aber dann hatte er ja etwas, worüber er sich aufregen konnte. Und die Welt schien wieder in Ordnung zu sein.

Die Wellensittiche 4 bis 6 waren sehr ordentliche Vögel. Sie putzten sich ständig und hielten ihren Käfig vorbildlich sauber. Sie wollten nicht in Verruf geraten. Und wenn sie links unten fertig waren, fingen sie rechts oben wieder an. Kennzeichnend für alle drei war, dass sie ständig davon ausgingen, zu wenig Futter zu bekommen. Sie hatten verlernt, sich selbst Essen zu suchen und darauf zu vertrauen, dass es immer genug zum Überleben gab. Aber sie hatten ja auch viel zu tun.

Wellensittich 7 war irgendwie anders. Er sollte aber nicht auffallen und wurde deshalb kleingehalten. Trotzdem hatte er gelernt, wie er die Tür seines Käfigs von innen öffnen konnte. Wie die Käfige seiner Schwestern und Brüder stand auch seiner am Fenster, sodass er sich mit allen unterhalten konnte. Er war so begeistert von seiner Entdeckung, dass er sie sofort an alle weitergab.

Und als der vereinbarte Tag der Befreiung für alle gekommen war – geschah was?

Trotzdem:

Die Einladung Gottes steht. Der Geist Gottes weht immer wieder durch die Straßen und bietet jeden Tag an, die Türen des eigenen

Käfigs zu öffnen, sich freizumachen und auf den Weg mit Gott zu vertrauen.

Vertiefung und Weiterführung

(1) Mit welchem Wellensittich kannst du dich am besten identifizieren? Oder sind es mehrere oder andere?

(2) Bist du gespannt, was Jesus zu Sorgen im Alltag sagt? Dann lies gerne nach in Matthäus 6,19–34.

(3) Wenn das Umdenken nicht so leicht umzusetzen ist, wie geht es dann? Was brauchst du dazu?

21
Das Ende

Johannes saß im Herbst am Strand der Nordsee, betrachtete den Sonnenuntergang, sah den Möwen zu, genoss die Weite des Horizonts und machte sich Gedanken über Gott. Er spürte den Westwind auf seiner Haut, die Luft roch frisch und etwas salzig, als eine Frage unmittelbar seine Gedanken durchbrach: „Sag mal, hast du nicht etwas Wichtiges vergessen?"

Johannes war irritiert, nahm diese Frage aber auf und überlegte. Was konnte er vergessen haben? Seine Gedanken über Gott kreisten oft um das einfache praktische Leben eines gläubigen Christen im Alltag – ohne abstrakt oder hochtrabend zu sein. Konkrete Umsetzungen von Glaubensinhalten, das Erleben und Spüren von Gott oder Jesus waren ihm wichtig. Sicher hatte er immer wieder etwas vergessen, aber was war so wichtig? Johannes war unschlüssig, dachte nach und ließ seinen Blick ziellos über den Strand schweifen. In einem offenstehenden Holzmülleimer in seiner Nähe erspähte er zwischen abgekauten Äpfeln, Brotpapier und einer Einwegflasche eine grob zusammengefaltete Zeitung. Als er von außen die Todesanzeigen erblickte, wurde ihm bewusst, was er bislang vergessen hatte. „Es fehlt das Ende. Es fehlt das Ende *der* Welt, das Ende *meiner* Welt, will heißen: mein persönliches Ende. Das, was ich jeden Tag ausblende, weil ich mit dem Gefühl lebe, ewig da zu sein, auch wenn ich offensichtlich älter werde. Darüber habe ich noch nicht intensiv nachgedacht."

Johannes verstand dieses Zusammenwirken kleiner Umstände als Gesprächsangebot Gottes und nahm es an. „Zunächst, Vater, was ist eigentlich ‚die Welt'? Ich stehe mit beiden Füßen in dieser Welt, deiner Schöpfung. Wir leben hoffentlich so lange, wie die Sonne existiert oder du deine umfassende Gegenwart und Liebe zusammen mit Jesus Christus und unsere Erde zu einer neuen Welt ohne Leid und Traurigkeit, voll Wertschätzung und allseitiger Erfüllung von Lebensentwürfen zusammenführst. Immer wieder erlebe ich solche wunderbaren Momente der Liebe, des Glücks und der tiefen Dankbarkeit in meinem Alltag, aber große Teile in dieser Welt sind offensichtlich davon noch ausgeschlossen oder verschließen sich dir. Spekulationen über die Art des Endes dieser Welt, Horrorvorstellungen davon oder das Nacherzählen historischer Geschichten zum Durchstehen gefährlicher Zeiten sind meiner Meinung nach schlechte Mittel, um als Christ andere für dich zu begeistern."

Es trat Stille ein. Johannes stand auf und stapfte mit hochgekrempelten Hosenbeinen durch den Sand. Die Schuhe hatte er an den Schnürsenkeln zusammengebunden und über seine Schulter gehängt. An sein persönliches Ende denkend, sprach er mit Gott wie mit einem geistigen Vater. „Weißt du, Jesus hat mir beigebracht, dass ich zwar *in* dieser greifbaren Welt lebe, aber durch meinen Glauben als Christ nicht *von* dieser Welt bin. Oft erlebe ich mich dann als Fremden in einem säkularen Umkreis, weil ich durch deine Nähe anders sein darf. Suche ich zum Beispiel Wege, um Ausgeschlossenen eine Hand anzubieten, sich der Mehrheit einer Gesellschaft wieder zugehörig zu fühlen, werde ich betrachtet wie jemand von einem anderen Stern. Werte wie Barmherzigkeit, Demut oder Bescheidenheit sind meine Orientierungen. Immer wieder werden manche meiner Handlungen, in denen ich nicht meinen Vorteil suche, von meinem Umfeld nicht verstanden. Dabei stehe ich mit beiden Beinen fest in dieser Welt. Für mich ist wichtig, deine Liebe erfahrbar und deinen Frieden spürbar werden zu lassen."

Johannes sah die Sonne untergehen. „Mein Herz, Vater, ist in deiner Liebe verankert. Du hast mich und meinen Lebensweg in der Taufe gesegnet. Wozu sollte ich von einem – oder meinem – Ende sprechen? Selbst mein persönliches Ende in dieser greifbaren Welt ist nicht das Ende, sondern wie eine zweite Geburt in deine Nähe hinein. Ganz sicher erfahre ich die Wahrheit über mich spätestens in der Begegnung mit dir. Ich hoffe, diese wird mich nicht allzu heftig treffen, denn auch ich bin nicht fehlerlos. Viele stellen sich die Begegnung mit dir reinigend, manche auch strafend vor. Ich fürchte das nicht. Ich gehe davon aus, dass du mein Versagen entschuldigen wirst, weil du mich liebst. Und zwar so, wie du es uns in Jesus von Nazareth, in Christus vorgelebt hast. Du selbst hast uns zum Leben freigemacht und uns mit dir erneut verbunden. Ganz bei dir werde ich vollständig in deinem Frieden sein, und dann wird sich mein Leben erfüllt haben."

Johannes hob eine Muschel auf und überlegte, wie alt so eine Muschel eigentlich wird und woran man ihr Alter erkennen könnte. Mit der Muschel in der Hand blieb er stehen, betrachtete den letzten Schein der untergehenden Sonne und schloss seine Gedanken ab: „Es ist zwar noch keiner zurückgekommen und hat berichtet, doch glaube ich daran, dass es nach meinem Tod weitergeht. So, wie wir das mit Jesus erleben durften. Wie auch immer wird deine gesamte Schöpfung erst in dir abgeschlossen sein. Auch wenn ich sichtbar älter werde, bin ich zu allen Zeiten in dir geborgen und werde gehalten. Mit dieser Zuversicht hast du mir in allen Lebensphasen nicht etwa den Geist der Verzagtheit, sondern ein festes Herz, den Geist der Kraft, der Liebe und der Besonnenheit geschenkt. Zumindest meine Welt in dir, Vater, endet nicht. Beantwortet das deine Frage?“

Vertiefung und Weiterführung

(1) Hast du Angst vor dem Sterbeprozess, vor deinem Tod? Was, glaubst du, folgt danach?

(2) In dieser Geschichte klingen viele Bibelstellen an. Wenn du die Geschichte vertiefen möchtest, folge ihr in Lukas 17,20 f.; Johannes 17,11–16; Brief an die Römer 6,3 f. und 14,7–9; 2. Brief an die Korinther 5,17; Epheser 4,1–32; 2 Timotheus 1,7; Hebräer 11,9–16; Offenbarung 21,1–5 und 22,17.

(3) Ist dir das Ende zu einfach? Fehlt dir die spürbare und ausdrückliche Strafe für die Schlächter der Welt?

(4) Vermisst du die Antwort darauf, warum Gott das Übel, das Böse in der Welt überhaupt zulässt? Kannst du dich dem öffnen, dass vielleicht nicht Gott an allem schuld ist und dass seine Liebe für uns alle schwer zu begreifen bleibt? Oder genauer: vielleicht müsstest du fragen, warum du deine Freiheit und deinen Willen immer wieder eben nicht nach Gottes Liebe ausrichtest? Welche Argumente findest du und sind diese für dich immer überzeugend?

Auf dem Weg zum Ende: Feiere an Festtagen, genieße und wenn du magst, reife durch offene Fragen

Unser Jahresablauf ist geprägt von wiederkehrenden religiösen Feiern, die Glaubende über die letzten 2000 Jahren entwickelt haben.

Diese Feste können deinen Glauben und dich persönlich begleiten, auch deinen Jahresablauf bestimmen. Die christlichen Jahresfeste sind in erster Linie voller Hinweise auf die komplexe Geschichte Gottes mit Jesus. Alle Feste werfen immer wieder Fragen auf, die Zweifel an zeitgenössischen gesellschaftlichen Maßstäben oder menschlichen Vorstellungen aufkommen lassen können. Diese offenen Fragen zu lösen, stellt für dich keine biologische Überlebensfrage dar. Sie sind und bleiben ein wiederkehrendes Angebot, deinen Alltag und den roten Faden in deinem Leben immer wieder neu zu bestimmen. Die Feste sind eine Einladung an dich, in Beziehung zu Gott in seinen verschiedenen Da-Seins-Weisen zu treten. Dabei spiegeln die Feste deinen Lebenslauf wider:

- Das beginnt bei der Geburt Jesu an Weihnachten und deinem eigenen Geburtstag.
- Und es endet am Schluss des Festjahres durch die Gelegenheit, sowohl an Verstorbene zu denken als auch dich mit deinem Tod und dein eigenes Da-Sein darüber hinaus zu beschäftigen. Das Angebot erhältst du jeden November an Allerseelen/Allerheiligen oder dem Totensonntag, der auch Ewigkeitssonntag genannt wird
- Die Adventszeit ist die Besinnungszeit auf Gott, der in Jesus auf die Welt kommt. Sie gibt dir Gelegenheit, dich auf dich selbst und deine Lieben zu besinnen sowie darauf, was dir wirklich am Herzen liegt und wichtig ist. Du kannst deine Werte oder deine Orientierungen im Alltag überdenken.
- Pfingsten ist das Zuversicht spendende Ereignis der trauernden Freunde Jesu und schenkt dir jedes Jahr Gelegenheit, dich um

deine Lebendigkeit und Lebensmut, deine Kraftquelle zu kümmern und Gemeinschaft mit Gleichgesinnten zu feiern. Die Kirche als Gemeinschaft aller Christen ist übrigens an diesem Festtag entstanden.

- Erntedank bietet dir an, dich über deinen vollen Essenstisch zu freuen, aber auch stolz auf dich und dankbar für deine Lebensleistungen sein zu dürfen.
- Das Reformationsfest kann dich ermutigen, bei Bedarf eingeschlagene Wege oder Ansichten zu korrigieren und neu anzufangen.
- Der Sankt-Martins-Tag, an dem das Laternenfest unserer Kinder stattfindet, kann dich einladen, ans Teilen mit anderen zu denken.

Alle Feste machen dir das Angebot, innezuhalten und nachzudenken. Du wirst eingeladen, umzukehren und bei Bedarf einen Neuanfang mit Perspektivwechsel einzuleiten. Und immer wieder darfst du ausgelassen feiern -solange, bis auch du wieder einkehren darfst in die alles umfassende, alles befriedende und erfüllende Gegenwart Gottes.

Vertiefung und Weiterführung

(1) Die Aufzählung der Festtage ist nicht abschließend. Wenn du interessiert bist, suche nach ihnen und lasse dich überraschen.

(2) welches ist dein Lieblingsfest?

(3) Deine Fragen an Festtagen können dann sein: Was hat die Geschichte Gottes heute mit uns und speziell mit mir zu tun? Was ist die Botschaft an

mich und wie kann ich sie in meinem Lebensalltag und auch im Blick auf das Ende aller Zeiten umsetzen?

– ohne Titel –

Wenn du magst, überlege dir im Zusammenhang mit der letzten Geschichte einen Titel.

Nachwort: Glaube und Zweifel

Der ständige Begleiter des Glaubens ist der Zweifel. Das kannst du bereits in der Bibel nachlesen. In vielen überlieferten Situationen sind dem Glauben Zweifel vorausgegangen, dass beispielsweise die Liebe Gottes nur eingeschränkt wirkt oder seine Gegenwart und Wirken exklusiv sind.

Zweifel gehören zu dir, zu jedem von uns und haben zunächst eine schützende Wirkung. Sie helfen dir, dich nicht in wirren Glaubensinhalten und selbst gestrickten Vorstellungen zu verlaufen oder dich nicht von anderen manipulieren zu lassen. Zweifel können dich zudem fördern, dich stärken, dich selbst klarer wahrnehmen lassen, dich schließlich selbstbewusster machen und – wenn du für die Treue Gottes dir gegenüber offen bist – sogar deinen Glauben vertiefen.

Vertiefung und Weiterführung

Wenn du magst, lies nach in 1 Mose / Genesis 3,4 bis 4,5; Markus 10,13–16; Johannes 20,24–29 und vielen weiteren Bibelstellen. Selbst die Verschriftlichung der Liebesgeschichte Gottes mit uns an sich ist Ausdruck von Zweifeln an mündlichen Erzählungen von Ereignissen, die im Fortgang der Geschichte immer weiter zurückliegen, sodass faktische Erinnerungen immer schwächer und mit ziemlicher Sicherheit komplexer ausgeschmückt wurden.

In Wort gefasste Zweifeln werden oft in einfachen Sätzen verpackt

„Ich brauche keine Religion und schon gar nicht Gott oder Jesus."

Du feierst gerne ein Fest, auch das Fest der Liebe? Du liebst Kerzen in der Dunkelheit, genießt es, mit Freunden gesellig zusammen zu sein, musizierst mit Leidenschaft, schätzt Übergangsrituale, wenn etwas Neues anfängt? Du interessierst dich für besondere Rituale anderer Völker, magst gerne anderen Gutes tun und verspürst dabei eine gewisse Wärme in deinem Bauch? Du weinst vielleicht bei romantischen Filmen oder siehst gerne solche mit gutem Ausgang? Du lauschst gerne den Vögeln, interessierst dich für die Wirkung von Steinen oder verbringst einige Zeit deines Tages in Stille?

Diese Beispiele sind ein Ausdruck von Spiritualität. Spiritualität ist uns allen gegeben, mal mehr, mal weniger. Aber sie gehört zu den Facetten deines Lebens, zu deinen Grundbedürfnissen, genauso wie Sexualität und ein gutes Essen. Religiöse Dimensionen sind uns vom ersten Lebensimpuls an gegeben. Hegst du Zweifel daran, zweifelst du genau genommen an dir selbst.

Die Glaubensinhalte der christlichen Religion beruhen auf Erfahrungen und Erlebnissen unserer Vorfahren, die festgehalten und unterschiedlich weitergegeben wurden. Spirituelle Erfahrungen, die auf Gottes Gegenwart und Wirken hinweisen, finden hingegen täglich statt. Letztlich wird niemand gezwungen, den zentralen christlichen Glaubensinhalten zu folgen. Jede und jeder ist frei, die Einladung, sich auf Gott einzulassen, anzunehmen oder abzulehnen.

„Ich glaube nicht an etwas, das ich nicht anfassen oder begreifen kann."

Deine Welt besteht aus mehr als dem, was du mit deinen Vorstellungen erfassen und beschreiben kannst. Oft behelfen sich Autoren biblischer Erzählungen der Kunst der Sprache, um tieferliegende theologische Themen greifbarer werden zu lassen. Mögliches, maximal Wahrscheinliches, nicht Widerlegbares lassen sich jedoch nicht anfassen. Sie sind schwer konkret zu beschreiben oder wissenschaftlich nachzuweisen.

Maßstab des zeitgenössischen Fürwahrhaltens – in dem auch du lebst – ist die Möglichkeit, theologische Inhalte und Beschreibungen mit dem Verstand zu erfassen. Oft wird weder mit dem Herzen zugehört noch durch die eigene Seele nachgespürt. Dem kognitiven Zweifel an Glaubensaussagen folgt deren kategorische Ablehnung. Denn es wird immer wieder davon ausgegangen, dass Vernunft dem Glauben entgegensteht und beide nicht miteinander vereinbar sind. Die Lebenskunst – manchmal ist es eine Lebensaufgabe – besteht darin, Vernunft und Glaube nicht gegeneinander auszuspielen, sondern als wichtige Bestandteile deines einzigartigen Daseins zu begreifen und miteinander zu versöhnen. Vernunft und Glaube ergänzen sich und fließen oft ineinander. Zweifel an Glaubensinhalten bauen Brücken zwischen ihnen und leiten zu unterschiedlichen Antworten auf verschiedene Fragen an.

„Ich kann nicht glauben."

Die Möglichkeit, an etwas zu glauben, hat jede und jeder von uns. Das kannst du selbst jeden Tag erleben. Wenn du davon ausgehst, am nächsten Morgen wieder aufzuwachen, gehst du abends ohne irgendeinen Zweifel ins Bett. Andernfalls würdest du dich möglicherweise nicht schlafen legen. Dabei handelt es sich einerseits um eine mathematische Wahrscheinlichkeit und andererseits um eine Glaubensgewissheit, die dich tragen kann, die sich aber nicht errechnen lässt.

„Mein Sparbuch unter meinem Kopfkissen ist mir näher."

Grundsätzlich kannst du davon ausgehen, dass jede und jeder an etwas glaubt. An materielle Sicherheit, an menschliche Erkenntnisse und Fähigkeiten, an Macht durch Nationen oder Institutionen oder einfach nur und ausschließlich an sich selbst und die eigenen Vorteile. Der Glaube und seine Inhalte sind Teile deiner Identität, oft Orientierung und damit Ausdruck deiner Lebenswirklichkeit.

Der Glaube an Gott, seine Gegenwart und sein Wirken ist mehr als eine geschenkte Lebenskompetenz oder eine Möglichkeit, dein Leben trotz widriger Umstände zu meistern. Der Glaube an etwas Reales *außerhalb von dir* ist mehr als ein Echo, ein Impuls oder ein Funken *in* dir. Der Glaube an Gott mündet nicht in eine Zweckbeziehung. Er ist eine prozessuale Lebensbeziehung, ein Annehmen, das du nicht dir selbst verdankst, sondern das du der Liebe eines anderen entspringt. Gott hat längst Ja zu dir gesagt, schon weit, bevor es dir selbst möglich war. Er glaubt an dich und deine Möglichkeiten. Dein Ursprung begleitet dich bis an das Ende eines jeden

Meeres. Selbst an deinem Ende bist du bei ihm gut aufgehoben. Es ist ein Vertrauen, ein Erlebenkönnen, schließlich ein Sichverlassen, dass du in allen Lebensphasen von dieser Liebe geleitet wirst. Du musst nicht auf dich selbst angewiesen bleiben. Das tröstet mitunter mehr als ein prall gefülltes Sparbuch. Den Zweifel inbegriffen, verliert Gottes Gegenwart und Wirken zudem nie an Wert.

Der Glaube ist somit ein Akzeptieren und Wertschätzen von etwas, das niemand mit Worten abschließend beschreiben oder kontrollieren kann. Gott bleibt nicht nachweisbar, jedoch ständig erlebbar, spürbar. Das mag dich zunächst zweifeln lassen, vielleicht verunsichern, aber der Glaube an ihn, seine Gegenwart und sein Wirken ist ein starkes Fundament, auf dem du – so paradox es klingt – feste Häuser bauen kannst.

„Ich kann in den Urlaub fahren und immer einkaufen gehen. Ich bin doch frei genug."

Der Glaube an Gott gibt dir eine Ahnung von unserer komplexen Welt. Auch eröffnet er dir die Möglichkeit, dich zu versöhnen: mit dir selbst, mit deinen persönlichen Herausforderungen, deiner (Um-)Welt, schließlich mit Gott selbst. Dadurch kannst du freier werden und Ballast abwerfen. Auch wenn es stets vorgegebene Orientierungen, unflexible Lebensumstände oder unterschiedliche Rahmenbedingungen geben wird und muss.

Es ist schließlich unerheblich, welchen Beruf du ausübst, wer du bist oder was du darstellst, welches Alter du hast oder ob du gesund oder krank bist. Es ist auch unwichtig, welche gesellschaftliche Rolle du aktuell einnimmst. Die Beziehung zu Gott kann dich in jeder

Lebensphase zu innerem Frieden und zur Freiheit führen. Sie kann deinen Blick frei machen für das, was du geschenkt bekommen hast: diese wunderbare Welt, dein einzigartiges Leben.

Konsum vermag das nicht, er lenkt dich von dir selbst und schließlich von deinem Weg mit Gott ab. Dein Urlaub, deine Einkaufstouren beantworten andere Fragen, sie stillen die Bedürfnisse deines Alltags. In ihrer Fülle lassen sie zudem Zweifel aufkommen, ob du nicht noch mehr für dein Leben brauchst. Konsum lässt vieles unbeantwortet und führt nicht zu deinem nachhaltigen Sein, zu innerem Frieden und Freiheit, sondern in ein Haben, in den nächsten Urlaub und zum nächsten Einkauf.

Abschlussbemerkung des Autors

Das vorliegende Buch will ausdrücklich keine letztgültigen Antworten geben, ebenso wenig will es eine wissenschaftliche Abhandlung sein. Es ist von einem Glaubenden verfasst worden, der sich als Suchender bezeichnet.

Die Vielschichtigkeit unserer Welt zu leugnen, die alte Einsicht zu ignorieren, dass das Ganze mehr als die Summe aller Einzelteile ist, kann dazu führen, dass wir uns selbst und gegenseitig zu Bestandteilen großer Systeme, zu Konsumenten, zu einer Ansammlung biologischer Einzelteile degradieren. Das Leugnen unserer transzendenten Existenz und Einzigartigkeit kann zu Einsamkeit, zu einem Schwarz-Weiß-Denken, zu Willkür oder Verzweiflung mangels Sinnfindung im eigenen Leben führen.

Getragen von der Hoffnung, dazu beizutragen, festgefahrene Einsichten zu hinterfragen, Werte zu überdenken, die dich, meine liebe Leserin und mein lieber Leser, an einem erfüllten Leben hindern, sowie dich in deinem Suchprozess zu ermuntern, habe ich dieses Buch geschrieben. Du bist eingeladen, eine Beziehung zu Gott aufzunehmen und eine spirituelle Beziehung zur allumfassenden Liebe Gottes mit seinen außerordentlich vielen Facetten in unserem Alltag einzugehen. Es ist die Liebe, die auch dich zu dir selbst und zur Freiheit führen kann.

Danksagungen

Ganz herzlich danke ich Verena Andreae, Reinhild Jetter, Hans Christian Neiber und Dr. Yvonne Schauch für ihr jeweiliges konstruktives Lektorat dieser Kurzgeschichten und Gedankenanstöße. Vielen herzlichen Dank auch an die Künstlerin Karin Schlipphak. Ihre wunderbaren Bilder tragen weiter Gedankenbrücken in das Buch hinein.

Und wie geht es weiter?

Interesse, mehr über die Bilder zu erfahren?

Karin Schlipphak lässt ausrichten: „Sehr gerne komme ich mit dir ins Gespräch, wenn du dich durch meine Bilder angesprochen fühlst und mehr über meine Kunst erfahren willst – oder wenn ein Kaufinteresse besteht. Eine Kontaktaufnahme mit mir ist über folgende E-Mail-Adresse möglich: Karin.Martha@gmx.de."

Weitere Erfahrungen mit Gottes Gegenwart und Wirken in deinem Alltag gesucht!

Ein zweiter Band dieses Buches ist bereits in Planung. Hier werden deine Geschichten und Erfahrungen mit Gottes Gegenwart und Wirken in deinem Alltag gesammelt und den Lesenden mit deinem echten Namen zur Verfügung gestellt. Denn je mehr wir von unseren Erfahrungen erzählen, desto mehr können wir auch andere einladen, sich auf die Suche zu machen und frei für sich und frei für Gott zu werden. Bitte gestalte deine Kurzgeschichte als ernsthafte theologische Erfahrung und schicke mir diese gerne an folgende E-Mail-Adresse „Gottes-Gegenwart-und-Wirken@web.de", und zwar bitte im Text der Mail, nicht als Anhang. Ob deine Geschichte dann mitveröffentlicht werden kann, entscheiden der Verlag und die Lektoren. In jedem Fall wirst du benachrichtigt.

Jede Geschichte soll zudem ergänzt werden durch ein möglichst zur Geschichte passendes gemaltes Bild. Eine Auswahl an Bildern kannst du unter obiger E-Mail-Adresse anfragen. Im Hintergrund dieser Bilder stehen beeindruckende Talente, die sich entweder nie zugetraut haben, sich der Öffentlichkeit zu präsentieren, oder schlichtweg noch nicht entdeckt worden sind. So wie deine noch unveröffentlichte Geschichte sollen auch diese Künstlerinnen und Künstler ein Forum erhalten, um ihre Bilder zu präsentieren.

Ich freue mich auf das, was du mit anderen Interessierten teilen magst. Dafür danke ich dir im Voraus.

Gott befohlen!

Kai T. Garben

Stichwortverzeichnis mit Glossar

(Die Zahlen stellen die Nummer der jeweiligen Kurzgeschichte oder des Gedankenanstoßes dar.)

A

Abendmahl 10
Absolutheitsanspruch (Welche Religion ist der richtige Weg zu Gott?) 16
Allerseelen/Allerheiligen 21
Advent 21
Auferstehung (Transformation) 8, 21

B

Bibel
(1) Exegese (methodisches Verstehen der Bibel aus ihrer Entstehung und Zeitumständen heraus) 1, 17
(2) Orientierung im Alltag 17
(3) Verständnis 1, 17
Bilderverzeichnis der Künstlerin:
1, 2, 6, 8, 11, 12, 13, 14, 18, 19, 21

C

Christus (Titel, kein Name) Vorwort, 8, 21
Christsein (jede Stunde, sieben Tage die Woche = 24/7) 19
Corona Pandemie 15

D

Diakonie/Caritas (umgesetzte Liebe Gottes im Alltag) 18
Doppeltes Liebesgebot (zentrale Botschaft Jesu) 6, 18
Dreifaltigkeit (Dreieinigkeit) 1, 2, 3–5, 20
Du (als Leser und Suchender) Vorwort bis zur Abschlussbemerkung

E

Eis 13
Ende
(1) dein (Ende) 21
(2) der Welt (Ende) 21
Engel 2
Erntedankfest 11, 21
Evangelium der Postmoderne 20
Ewigkeitssonntag (Totensonntag) 21

F

Fahrradreflektoren 17
Fegefeuer (Reinigungsprozess vor Gott) 21
Feste (Kirchenjahresfeste) 21
Freiheit Vorwort bis zur Abschlussbemerkung
Frieden
(1) innerer 14
(2) äußerer 16
Funken Gottes in Dir Nachwort
Fußball 4

G

Gebet 17

Geist Gottes 2, 3, 20

Geld 20, Nachwort

Gesellschaft, christl./jüdische Grundlage 8

Glaube

(1) und Vernunft 2, 8, Nachwort

(2) und Zweifel Nachwort

Goldene Regel 15, 19

H

Heilgeschichte (die Geschichte Gottes mit dir) 1–21

Heilige 4

Heiliger Martin (Martin von Tour) 4, 21

Heiliger Nikolaus (Nikolaus von Myra) 4

Heilige Franziskus (Franziskus von Assisi) 4

Hölle 21

Hunde 19

I

Islam 16 (im Koran heißt Jesus übrigens „Isa“)

J

Jesus von Nazareth

(1) Gefühle als Mensch 4, 5, 6, 7

(2) Kindheit 4

(3) Krippe 2

(4) Familie 4

(5) Freunde (Jünger) 6, 7, 8

(6) Letzte Worte am Kreuz 1

(7) Reden und Tun (Botschaft) 5
(8) Tod am Kreuz 7
(9) Transformation (Auferstehung) 8
(10) Verschmelzung mit Gott (Eins-Sein) 6
Johannes der Täufer 6
Judentum 4, 16

K

Kartoffelfest 2
Kinder- und Jugendhilfe 18
Kirche (Gebäude; gemeinsames Ja zu Gott) 4, 10, 13
Klimaschutz 4, 17
Konflikte 7, 9, 12, 16
Konsum Nachwort
Kreuz 4, 5

L

League of Legends 20
Liebe 2, 5, 6, 9, 12, 14, 15, 17, 18, 19, 20, 21

M

Menschenfischer (eine Rettung, kein Einfangen) 8
Moschee 4
Muslima – Muslim 12, 16
München 2
Musik 4, 13

N

Nordsee 21

O

Offenbarung Gottes in der Welt (Formen seines Da-Seins) 1, 4, 5, 6, 7, 8, 10, 17, 18, 20

Opfer (Geschenk an Gott) 8

Ostern 7, 8, 15

P

Petrus 9

Pfingsten 21

R

Rechtfertigungslehre (wieder neu anfangen dürfen; du wirst –trotz-dem- geliebt) 8

Reformationsfest 21

Reich Gottes (sich ausbreitende Liebe Gottes) 6

Religion Nachwort

Religionsstifter 4, 16

Römer 7

S

Sarajevo 16

Schokolade 18

Schöpfung (Gottes Gegenwart und Wirken) 1 – 21

Seele 19

Segen 17, 19

Sparbuch Nachwort

Spiritualität Vorwort, Nachwort

Sünde (Ferne, Abgeschnitten-Sein von Gott) 3

Symbole im Alltag 5, 9, 13

Synagoge 4, 16

T

Taizé 3, 9, 10
Teufel 3
Taufe 19
Tod (wie tot) 7, 12
Trennung von Gott (Sünde) 8, 15
Treue (deine und Gottes) 19

U

Übel in der Welt (Theodizee) 12, 16, 21
Urlaub Nachwort

V

Versöhnung 8, 12, 14, 21

W

Wasser 9
Weihnachten 21
Wellensittiche 20
Wunder 11

Z

Zeitenwende 8